上海科

U0602261

我们的
秘密航海课 1

王张华　编著

陈澜插画工作室　绘

上海教育出版社
SHANGHAI EDUCATIONAL
PUBLISHING HOUSE

序章

丫丫刚上小学二年级。有一天，她在玩耍时偶然钻到一棵巨大的柏树下，这棵树的树枝很密，树冠垂到地面，里面既干净又凉快，没有一只小虫子，外面的人也看不到她，于是她灵机一动，决定把这里当作自己的"秘密学校"。后来丫丫认识了隔壁班的聪聪，这对好朋友每天放学后都会在"秘密学校"里一起玩耍。

这天下午，聪聪兴冲冲地推开丫丫的房门，喊道："去'秘密学校'的时间到了！"
丫丫却一动也不动，只是对着地球仪发呆。

你怎么了？老盯着地球仪干什么？

我爸爸又去南极了……

聪聪明白她的不舍，丫丫大概又要有一年半载见不到爸爸了。

丫丫的爸爸是一位研究地质学的大学教授，近年来已多次前往南北两极考察。

爸爸跟丫丫说过，他乘坐的雪龙号将从上海港出发，经过印度尼西亚，先到毛里求斯，再去南极洲的中山站。

这里就是爸爸出发的上海。

印度尼西亚

印度尼西亚在哪呢？

丫丫和聪聪在地球仪上耐心地寻找。

找到了，找到了，印度尼西亚是赤道上的"千岛之国"，在太平洋和印度洋之间。

12

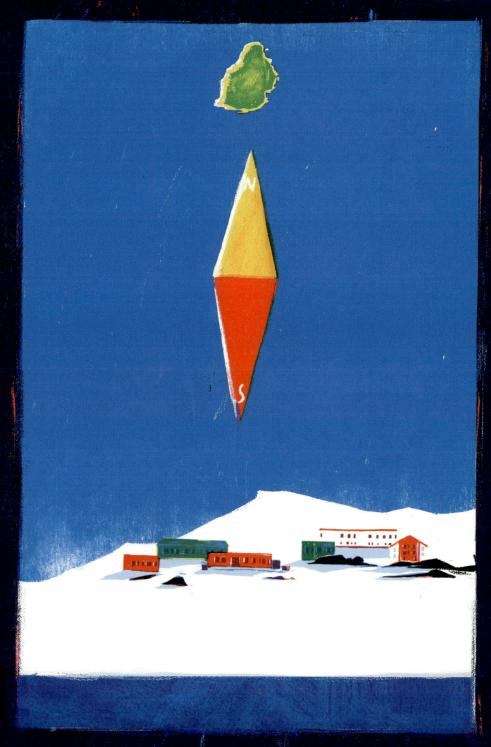

但怎么从毛里求斯去南极呢？从地球仪上看隔得还好远啊！
丫丫找到南极洲的中山站，发现中山站几乎就在毛里求斯的正南方，难怪爸爸他们要先到毛里求斯。

"听说我们国家在南极洲设立的第一个考察站是长城站，你爸爸去过长城站吗？"聪聪问。

"当然去过了！"丫丫脸上写满自豪。

"那长城站在哪呢？"

两人转动地球仪，很快找到了长城站，只见它正对着南美洲，在中山站的背面。

见丫丫还是一副若有所思的样子，聪聪问："你在想什么呢？"

丫丫指着地球仪上的蓝色区域说："我在想地球上怎么都是海……"

💡 在地球表面，海洋占 71% 的面积，陆地只占了 29%。

对，跨过赤道后，陆地好像就很少了……我们来看看这些大海叫什么名字。

大西洋

印度洋

太平洋

咦，北极这里是被陆地包围的北冰洋，南极那里是被大洋包围的陆地，地球的南北两极完全不一样啊！

包围南极洲的这片海域于 2021 年 6 月 8 日被正式承认为南大洋。从此，南大洋成为地球上第五大洋。

北冰洋

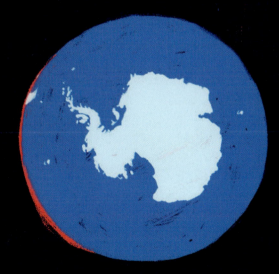

南大洋

"明天起我们就在'秘密学校'自学和航海有关的知识吧。"丫丫有了一个大胆的想法。

"好呀！"聪聪知道这样丫丫就会感觉离她爸爸近一点了。

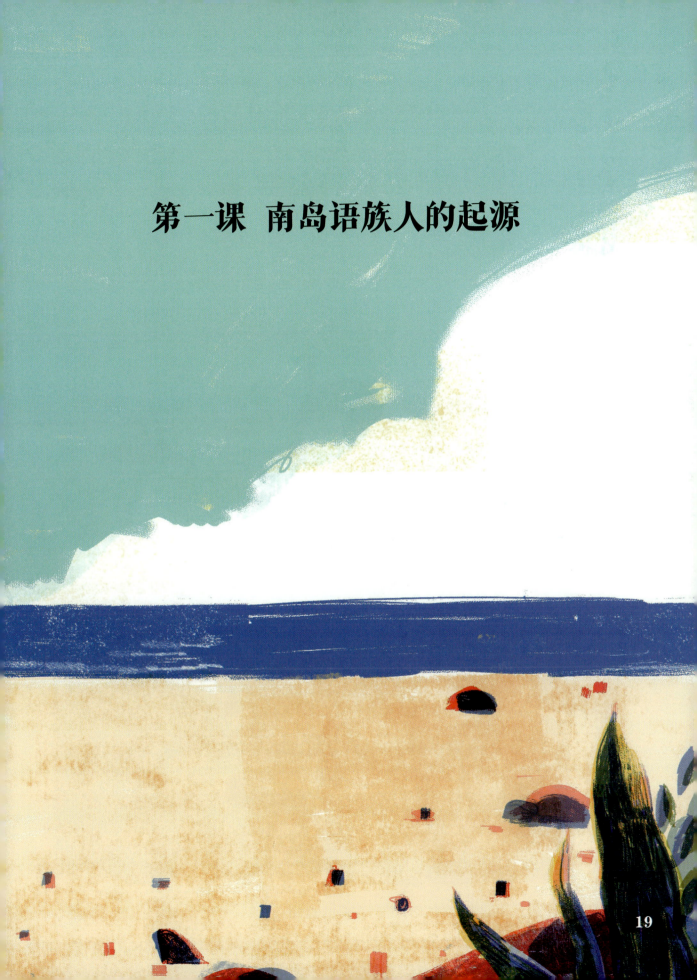

第一课 南岛语族人的起源

第二天下午，丫丫和聪聪准时在"秘密学校"碰头。一个带了张世界地图，一个带了台平板电脑。

丫丫打开世界地图，指着太平洋上密密麻麻的岛屿说："你看，太平洋上有这么多岛屿，这里是马绍尔群岛，这里是夏威夷群岛……"

"哎等等，地图上这些字有点奇怪，哪几个是连在一起读的呀？"聪聪问。

　　丫丫把手指放在地图上仔细辨认：夏威夷群岛这儿有个"波"字，再往下有个"利"字。

　　"是波利尼西亚！我知道，那里有胖胖的汤加国王。"聪聪很高兴自己学的知识派上了用场。

"你说，这些小岛上怎么也会有人住呢？他们是怎么到达这些小岛的？"丫丫感到不解。

　　"我们上网查一下吧。"聪聪打开平板，在搜索引擎里输入"波利尼西亚人"几个字，屏幕上立刻跳出"波利尼西亚人真的是中国人的后代吗？"。

　　两人觉得很新奇，连忙点进去看。

　　在辽阔的太平洋和印度洋上分布着诸多岛屿。这些岛屿大小不一，气候各异，岛上的居民因为有着类似的习俗和相近的人种基因，被统称为南岛语族人。他们的居住范围向西一直到达非洲的马达加斯加，向东到达复活节岛，最南是新西兰，最北则是夏威夷群岛和我国的台湾岛。

原来如此!

　　丫丫和聪聪互相看了一眼，随后异口同声地说："但为什么会这样？"他们继续往下读。

　　南岛语族人擅长航海，设帆的边架艇独木舟是他们主要的航海工具。通过语言学、古 DNA 等研究，科学家们认为南岛语族人起源于中国的东南沿海地区。

23

当点开网页上的独木舟图片时，丫丫激动地喊起来："我在妈妈办公室看到过这种独木舟呢！"

丫丫的妈妈是一位考古学家。

丫丫说的其实是妈妈办公室里的一本书，书的封面上印着一张照片，是考古学家从地下发掘出来的一艘独木舟残体。

跨湖桥
KUA KUA QIAO

两人从"秘密学校"出来，直奔丫丫妈妈的办公室。

"看，就是这本书！"丫丫从书架上搬出那本厚厚的《跨湖桥》。

27

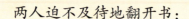

两人迫不及待地翻开书：

　　跨湖桥是一个新石器时代先民居住过的遗址，在浙江省杭州市。2002年，考古人员在这个地方发掘，一直挖到地下6米，发现一条独木舟的残体。这条独木舟是用一整棵马尾松制作的，经过科学测试，考古人员认定这艘独木舟属于约7800年前的跨湖桥人。这是目前发现的最早的独木舟，被称为"中华第一舟"。

马尾松
pinus massoniana Lamb.

新石器时代是考古学上石器时代的最后一个阶段。在新石器时代，人们使用磨制石器作为生产、生活工具。

瞧！书上还有当时发掘的照片。

中华第一舟

独木舟刚出土的时候，旁边有船桨和多块编织物，还有一条木板，大约为独木舟的一半长。这条木板引起了考古人员的思考，因为南岛语族人驾驶的独木舟旁也有一条或两条用来做浮木的木板。

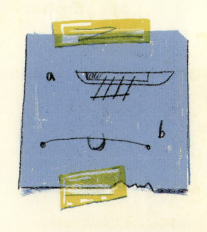

人们通过横的木条把浮木捆扎在独木舟的一侧或两侧，这样在海上航行时即使遇到风浪也不容易侧翻。南岛语族人正是驾驶这种边架艇独木舟，历经数千年的时间，散布到太平洋和印度洋的各个大小岛屿。

边加架艇独木舟

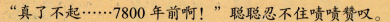

"真了不起……7800 年前啊！"聪聪忍不住啧啧赞叹。

这时，丫丫突然想到什么似的，说："我们也去找点石块打磨一个石器吧。"

还没等聪聪反应过来，丫丫已经把书放回书架，拉着他跑出去了。

爸爸临走前和丫丫约定，想他的时候可以写邮件。于是晚上睡觉前，丫丫给爸爸写了一封信。

丫丫

妈妈

爸爸

聪聪

写邮件

收件人：爸爸

亲爱的爸爸：

你才走没几天，我就已经非常想念你了。

今天我知道了南岛语族人，他们很擅长航海。在我国杭州的跨湖桥遗址，大约 7800 年前，那里的人就能驾驶独木舟在海上航行了。可能就是这些人的后代乘坐独木舟到达太平洋和印度洋的许多岛屿，成为那些岛上的土著居民。我真佩服他们的勇气！

发送

第二课 古代沉船

星期一放学写完作业，又到了在"秘密学校"碰头的时间。

丫丫一见到聪聪，就激动地告诉他自己周末去中国航海博物馆参观了一个沉船展。

"沉船？！"聪聪觉得很神秘，"是什么样的船？在哪里沉的？是海盗船吗？"

"这艘船有个名字，叫泰兴号。"丫丫介绍道，"它是清代的一艘远洋贸易木帆船。"

丝绸

瓷器

船上有许许多多中国产的瓷器，还有不少茶叶和丝绸。

茶叶

 2000 年，1 德国马克约等于 3.8 元人民币，2240 万德国马克约等于 8512 万元人民币。

天啊，值那么多钱！

2000 年 11 月，船上的一部分瓷器在德国拍卖了 2240 万马克呢！

"泰兴号从哪里出发？要去哪里？为什么会沉没？船上怎么会有那么多瓷器？"聪聪的脑海里一下子涌现出好多问题。

听说是从福建厦门出发的，船上的瓷器大部分由福建德化生产，应该是要卖到国外去的吧。但是船在印度尼西亚触礁沉没了。

泰兴号是目前为止发现的最大的中国古代沉船，还有很多别的沉船。这是我在博物馆看到的沉船名单。

南海 I 号

黑石号

泰兴号

古代沉船

聪聪在搜索引擎里输入"古代沉船"，网上跳出很多资讯。两人快速浏览，发现宋代、明代、清代的沉船特别多，而且大部分是海外贸易船。

"我们先看一下泉州湾的这条沉船。"丫丫点开一条链接。

香料

瓷器

泉州湾沉船

1973 年 9 月，在福建泉州湾后渚港发掘出一艘宋末沉船。船体残余长度 24.4 米，残余宽度 9.15 米。船舱里出土了香料、药物、瓷器、皮革制品等文物。考古学家通过瓷器判断这艘船在南宋景炎元年（公元 1276 年）前后沉没。

这是一艘宋代三桅木帆海船，属于我国古代四大船型之一的福船，具有结构坚固、抗风浪能力强、吃水深、稳定性好的特点。载重约 200 吨，相当于唐代一支 700 头骆驼组成的运输队的驮运重量。

货币

南海Ⅰ号

　　南海Ⅰ号也是一艘著名的宋代沉船，目前被安放在广东海上丝绸之路博物馆。这艘沉船残余长度22米，残余宽度约10米，沉没在广东省阳江川山群岛海域水深23米处，船身被近2米厚的淤泥覆盖，船上出土了大量宋代瓷器和生活用具。目前已发掘出超过14万件瓷器，它们多产于福建泉州、浙江龙泉和江西景德镇，很多都属于国家一级、二级文物。也有不少瓷器带有明显的异域风格，可见是接受海外订货的"来样加工"产品。

　　沉船内还有一些当时阿拉伯国家流行的首饰和装饰物以及两具眼镜蛇骨骸。

　　来样加工，就是国内的厂家根据国外市场的要求加工制作商品。

"南海丨号"这个名字真好听。

"怪不得说是海外贸易船呢，"丫丫恍然大悟，"我在航海博物馆看到，中国的大量瓷器都是通过海上丝绸之路销往国外。"

"这艘船上可能还有阿拉伯人、印度人吧。"聪聪指着网上的资料推测。

"看来它还是一艘800年前的国际合作船啊。"

"快看这艘唐代的沉船，是1200多年前沉没的。"丫丫指着黑石号。

在马六甲海峡向东南600多公里有一座名叫勿里洞的岛屿，当地一直流传着附近有海底宝藏的传说，出海的渔民偶尔还会从海底捞到瓷器。

有一个德国人根据这些线索，在勿里洞岛附近发现了一艘沉船。因为沉船周围有一大片黑色的礁石，他就给这艘沉船取名"黑石号"。

黑石号

黑石号长约 18 米，宽约 6.4 米，是一艘古代阿拉伯人建造的船，但是船上装满了唐代的货物，其中 5 万多件长沙窑烧造的瓷器足以证明阿拉伯人和唐代人的贸易往来。有的瓷碗上还装饰有阿拉伯文和伊斯兰风格的图案，可见是专供出口的定制瓷器。

看来中国人给外国人烧造瓷器，在唐代就已经属于"来样加工"了。

真厉害！

"丫——丫——，回家啦！"

两人正徜徉在沉船的世界里，不远处传来丫丫妈妈的声音。

丫丫一边答应着，一边跟聪聪约定明天再来。

"好！"聪聪收起平板后，两个小伙伴互相道别。

亲爱的爸爸：

我今天和聪聪一起看了很多沉船的资料。那些船有唐代的，也有宋代的，有阿拉伯船，也有中国船。但船上基本上全是中国的货物，瓷器最多。中国人在唐代就已经接受"来样加工"，烧造瓷器出口给外国人了。这些船怎么会沉没的呢？爸爸，我知道你乘坐的船非常大，但你还是要注意安全啊！

亲爱的丫丫：

真高兴这几天你知道了这么多航海背后的故事。你放心，爸爸乘坐的大轮船配备了最先进的技术，很安全。爸爸现在走的航线和海上丝绸之路有点相似，我们也要经过南海，穿过印度尼西亚，然后进入印度洋。

　　“海上丝绸之路……”丫丫想起自己在航海博物馆看到的介绍，决定明天要和聪聪一起好好探索这条海上的路。

第三课　海上丝绸之路

"今天我们来学习海上丝绸之路。"丫丫对聪聪说。

"我猜海上之路应该是指船的航线吧，但为什么叫丝绸之路呢？"

"我们先来查一查吧。"丫丫熟练地在搜索引擎里输入"海上丝绸之路"几个字。

53

"看来海上丝绸之路的起点还不少呢！我们来看看泉州吧，它是我国第 56 处世界遗产，听起来很厉害。"丫丫注意到一条 2021 年泉州申遗成功的新闻。

"泉州，古称刺桐，是宋代和元代的'东方第一大港'，是当时的世界海洋商贸中心，曾与 100 多个国家和地区通商贸易。申遗的古迹有九日山祈风石刻、市舶司遗址、德化窑址等 22 处……"

九日山祈风

在帆船航海时代，风是最重要的动力。相传从唐代起，泉州民间就有祈风活动。从宋代起，官方也常在泉州举行祈风活动。九日山是宋代官方祈风的主要地点，每年举行两次祈风活动：农历 11 月前后刮北风的季节，人们祈祷风让商船从泉州港顺利出发；农历 4 月刮南风的季节，人们祈祷风让商船顺利返回泉州。这些祈风活动以文字形式被刻在九日山的山崖上。

随季节改变方向的风被称为季风，有冬季风和夏季风。

帆船靠风在海上航行，怪不得古人要祈祷刮风。

59

市舶司

市舶司相当于现在的海关，管理从事国际贸易的中外商船，并且征收关税，是朝廷财政收入的重要来源。宋代在东南沿海设立了8个市舶司，其中一个设立在福建泉州港。

有8个市舶司！宋代的国际贸易可真发达！

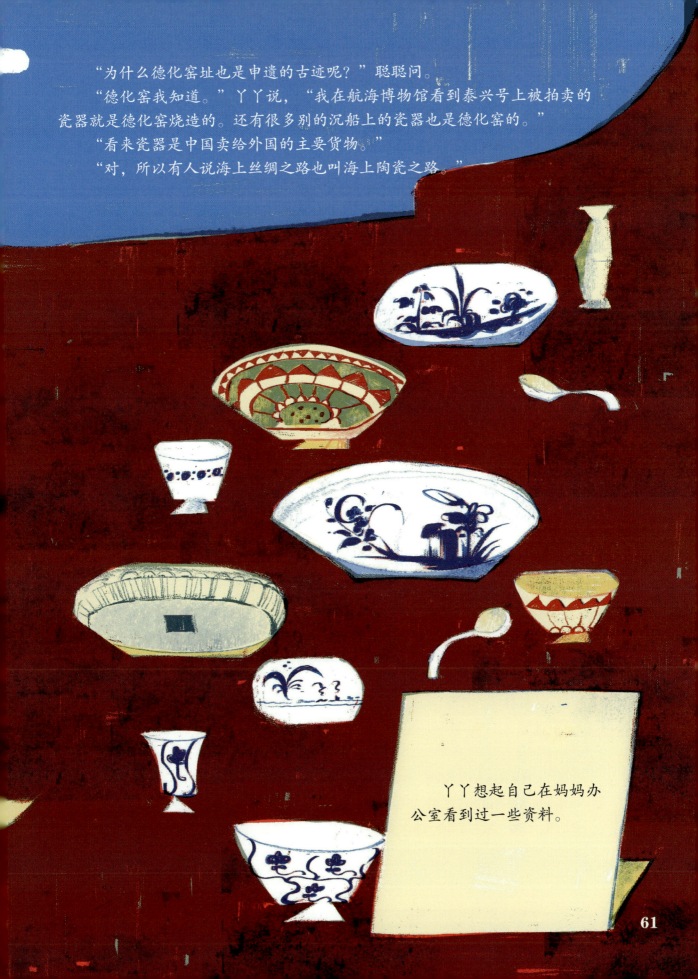

"为什么德化窑址也是申遗的古迹呢？"聪聪问。

"德化窑我知道。"丫丫说，"我在航海博物馆看到泰兴号上被拍卖的瓷器就是德化窑烧造的。还有很多别的沉船上的瓷器也是德化窑的。"

"看来瓷器是中国卖给外国的主要货物。"

"对，所以有人说海上丝绸之路也叫海上陶瓷之路。"

丫丫想起自己在妈妈办公室看到过一些资料。

61

办公室里，丫丫妈妈正对着一桌子瓷器碎片忙得不可开交。
丫丫从书架上找出一份《斯里兰卡阿莱皮蒂遗址发掘报告》。

经过考古学家的鉴定，这些中国瓷片的年代在11世纪下半叶到12世纪初，相当于北宋后期，主要产自中国东南沿海的广东及福建地区。

由上海博物馆和斯里兰卡当地考古队员组成的中斯联合考古队于2018年8月对阿莱皮蒂遗址进行发掘，在发掘的92.4平方米面积里出土了650多片陶瓷，其中超过600片是来自中国的瓷片，可见到达这个港口的中国商船数量之多。

 斯里兰卡是古代中国和波斯湾、红海－地中海沿岸与非洲东海岸各国进行贸易的重要中转站。前往波斯湾、红海－地中海和非洲东海岸的中国商船都会经过斯里兰卡，在那里停靠补给。

接着，丫丫又找出一份《中国与肯尼亚联合考古报告》。

在非洲肯尼亚沿海 37 处古代遗址中，一共整理出 9552 件中国古代的瓷器和瓷片。考古学家鉴定后认为，中国瓷器从公元 9 世纪以来就连续不断地输入东非地区。

公元 9 世纪应该是在唐代。

在肯尼亚曼达岛发现了三具人骨，分别出自不同的墓葬。这些人骨遗骸具有东亚人独有的铲形门齿，同时经 DNA 技术鉴定，均具有中国血缘。利用碳十四测年技术得到的结果显示，其中一人生活的时间与郑和下西洋的时代基本吻合，另外两人生活的时代相对稍晚。

这些人骨的发现证实了当地的一个传说：郑和船队中的一艘船遇到风暴在肯尼亚海域沉没，幸存的水手游到岛上定居下来，并与当地人通婚、繁衍生息。

亲爱的爸爸：

今天我和聪聪查阅了什么是海上丝绸之路，原来海上丝绸之路是汉武帝下令开辟的海上贸易路线。我们还知道了在福建泉州有宋代的"海关"——市舶司，印度洋上的斯里兰卡是海上丝绸之路的中转站。

还有，在非洲肯尼亚竟然有中国人的后裔。我今天过得好开心。

丫丫和聪聪仔细观察对方的牙齿，想看看门牙是不是真的像小铲子。

第四课 "发现"美洲

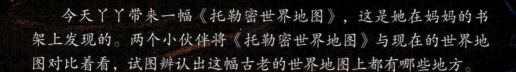

今天丫丫带来一幅《托勒密世界地图》，这是她在妈妈的书架上发现的。两个小伙伴将《托勒密世界地图》与现在的世界地图对比着看，试图辨认出这幅古老的世界地图上都有哪些地方。

地图名：托勒密世界地图
绘制过程：约 15 世纪的欧洲人根据公元 2 世纪的希腊地理学家托勒密的著作《地理学》仿制而成
主要内容：描绘了欧洲、亚洲、非洲三大洲，有完整的地中海，印度洋变成了被大陆包围的内海

嗯，那么小黄旗这里应该是尼罗河、红海、阿拉伯半岛、波斯湾……可是好奇怪啊，《托勒密世界地图》上的印度洋怎么被陆地包围了？

可见那时候的欧洲人并不知道有南大洋。

71

地图名：大明混一图

绘制日期：可能是公元 1389 年（明代初期）

现存地址：中国第一历史档案馆

主要内容：以大明王朝版图为中心，东西范围从日本到欧洲，南北范围从爪哇到蒙古

荣誉：现今所存中国人最早绘制的世界地图

丫丫记得自己在航海博物馆看到的《大明混一图》可不是这样的，但现在他们也不能立刻飞去博物馆呀！

好在聪聪已经上网找到了《大明混一图》的图片，上面的中国海岸线和现在的世界地图很像。

两人从北向南辨认，分别找到了渤海、山东半岛、黄河、长江口。

再仔细查看有关《大明混一图》的介绍，他们知道了这幅世界地图可能是14世纪绘制的，地图上还有欧洲和非洲。

"这就是非洲吧？"丫丫指着地图左下角的陆地说，"形状和现在的非洲挺像的。旁边这条长长的，应该是红海，还有阿拉伯半岛。"

"嗯，《大明混一图》上没有地中海。"聪聪注意到，"但是有南大洋。"

"对，看来明代人知道非洲的南面是大海。"

两人反复比对，突然意识到两张地图上都没有美洲。

"看来要等哥伦布去发现美洲了。"聪聪自言自语道。

"嗯，哥伦布相信地球是圆的，所以一直向西航行，最终发现了美洲。后来是麦哲伦首次实现环球航行才证明了地球是圆的。"

聪聪很好奇："哥伦布是为了证明地球是圆的才一直向西航行吗？"

"才不是呢，他是为了去印度。他说服西班牙女王资助他向西航行，到了美洲后还以为自己到了印度。"丫丫想起自己在《哥伦布日记》里读到的，"他想去印度当总督，并且让他的子孙也能世世代代当总督。"

哥伦布向西航行

西班牙女王伊莎贝拉一世

聪聪追问道："那哥伦布为什么要去印度当总督？西班牙女王怎么会愿意资助他航海去印度当总督呢？"

"因为葡萄牙人在印度洋发了大财。"丫丫搬出了关于大航海时代的知识，"对了，最开始是葡萄牙的亨利王子创办了一所航海学校，学校里人才济济，大家经常一起去探险。后来他们发现了好望角，进入了印度洋。再后来，葡萄牙国王就经常派全副武装的舰队去印度洋抢夺财宝了。"

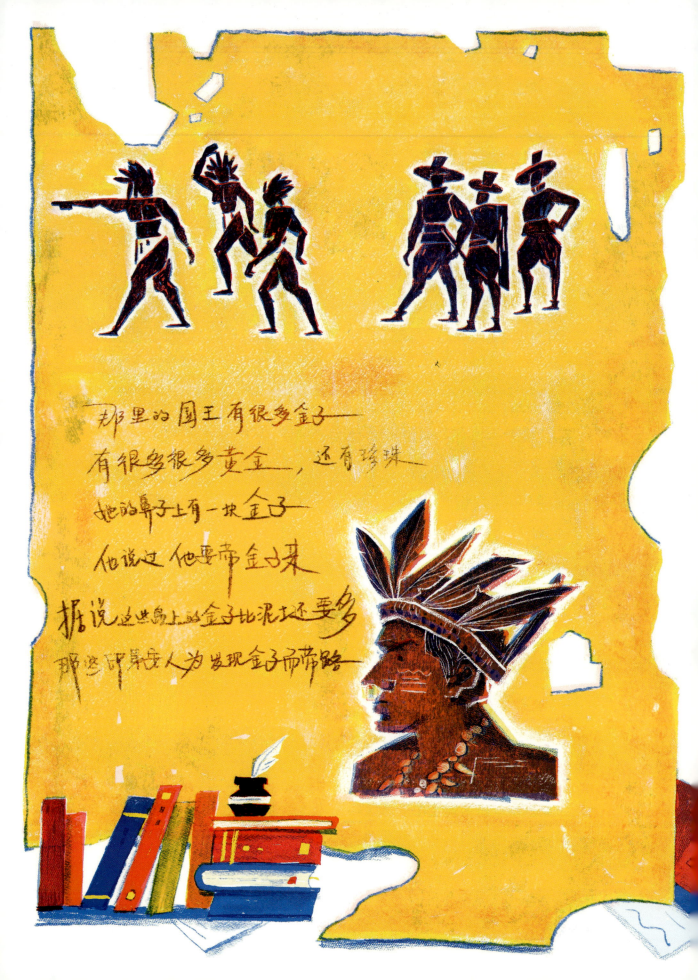

那里的国王有很多金子——

有很多很多黄金——，还有珍珠——

他的鼻子上有一块金子

他说过 他要带金块来

据说这些岛上的金子比泥土还要多

那些印第安人为发现金子而带路

"所以西班牙女王也想去印度洋发财。"聪聪总结道。

"对呀，"丫丫说，"哥伦布在日记里经常说发现了金子，他最关心的就是哪里有金子。"

"哥伦布还写过日记啊？"聪聪也想读一读哥伦布的日记。

于是他们上网搜索《哥伦布日记》。

"还真是！"聪聪指着目录读道，"那里的国王有很多金子……有很多很多黄金，还有珍珠……她的鼻子上有一块金子……他说过他要带金子来……据说这些岛上的金子比泥土还要多……那些印第安人为发现金子而带路……"

居然连人家鼻子上的金子都注意到了，真是太财迷了！

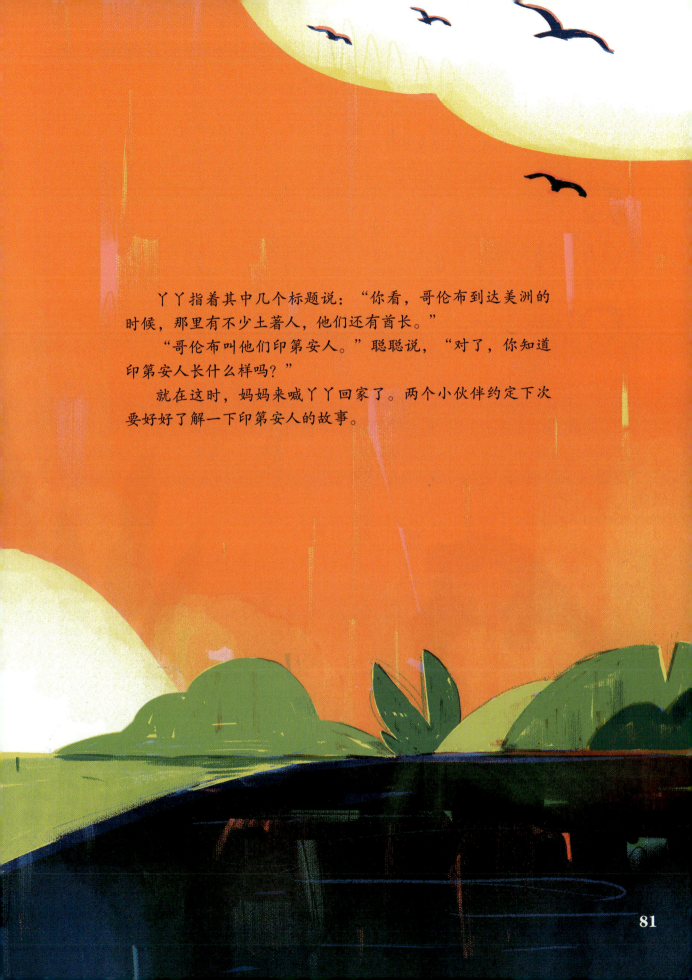

丫丫指着其中几个标题说："你看，哥伦布到达美洲的时候，那里有不少土著人，他们还有酋长。"

"哥伦布叫他们印第安人。"聪聪说，"对了，你知道印第安人长什么样吗？"

就在这时，妈妈来喊丫丫回家了。两个小伙伴约定下次要好好了解一下印第安人的故事。

写邮件

 丫丫

 妈妈

 爸爸

 聪聪

 收件人：爸爸

亲爱的爸爸：

今天我和聪聪一起看了世界地图。我们还研究了《托勒密世界地图》和《大明混一图》。你知道吗？在《托勒密世界地图》上，非洲的南面都是大陆，印度洋被大陆包围了起来。但在《大明混一图》上，非洲的南面是大海。

发送

爸爸很快就回信了：

　　亲爱的丫丫，非洲的南面是大海，真是个了不起的发现，对不对？你还可以再了解一下好望角。

　　丫丫在回信中写道：

　　我知道好望角，英语是 Cape of Good Hope，意思是非常有希望，因为葡萄牙人绕过那里就可以进入印度洋，印度洋意味着财富。

王张华

  华东师范大学教授，长期从事河口海岸带的地质环境演变、海岸带人类文明与环境变化研究。多次获得上海市科学技术奖、国土资源科学技术奖和中国地质调查成果奖。作为环境领域专家参与拍摄央视纪录片《良渚》、上海广播电视台纪录片《广富林猜想》《江海遗珍·长江口二号》。代表作品《我要去航海》入选第二届"童阅中国"原创好童书年度入围书目、全国家庭亲子阅读导读书目、2023 年全国中小学图书馆（室）推荐目录。

陈澜插画工作室

  陈澜插画工作室成立于 2020 年，起源于华东师范大学设计学院插画设计专业，由陈澜教授主理。工作室以插画设计专业优秀在校学生为主体，旨在用插画发声，拓展插画设计更多可能性，同时向社会展示、推广具有插画设计专业思维和独特竞争力的年轻插画创作团体。目前工作室已与多家出版社合作完成三套儿童绘本的创作。

上海科普教育发展基金会资助项目

上海市闵行区科普资助项目

我们的秘密航海课

②

王张华　编著

陈澜插画工作室　绘

上海教育出版社

SHANGHAI EDUCATIONAL
PUBLISHING HOUSE

第五课 印加帝国的覆灭

约定的时间到了，丫丫带了一本厚厚的书来到"秘密学校"。这本书叫《印加帝国的末日》，是丫丫妈妈推荐的。

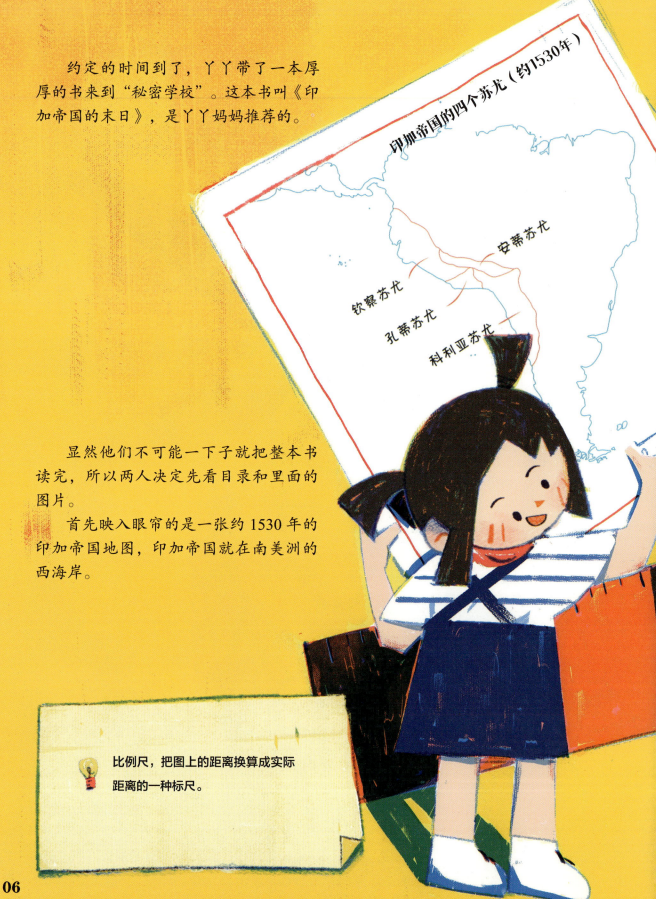

印加帝国的四个苏尤（约1530年）

安蒂苏尤

钦察苏尤

孔蒂苏尤

科利亚苏尤

显然他们不可能一下子就把整本书读完，所以两人决定先看目录和里面的图片。

首先映入眼帘的是一张约1530年的印加帝国地图，印加帝国就在南美洲的西海岸。

比例尺，把图上的距离换算成实际距离的一种标尺。

第二张图是一支船队,船上有武装的士兵。

这是西班牙人横渡大西洋来美洲了。

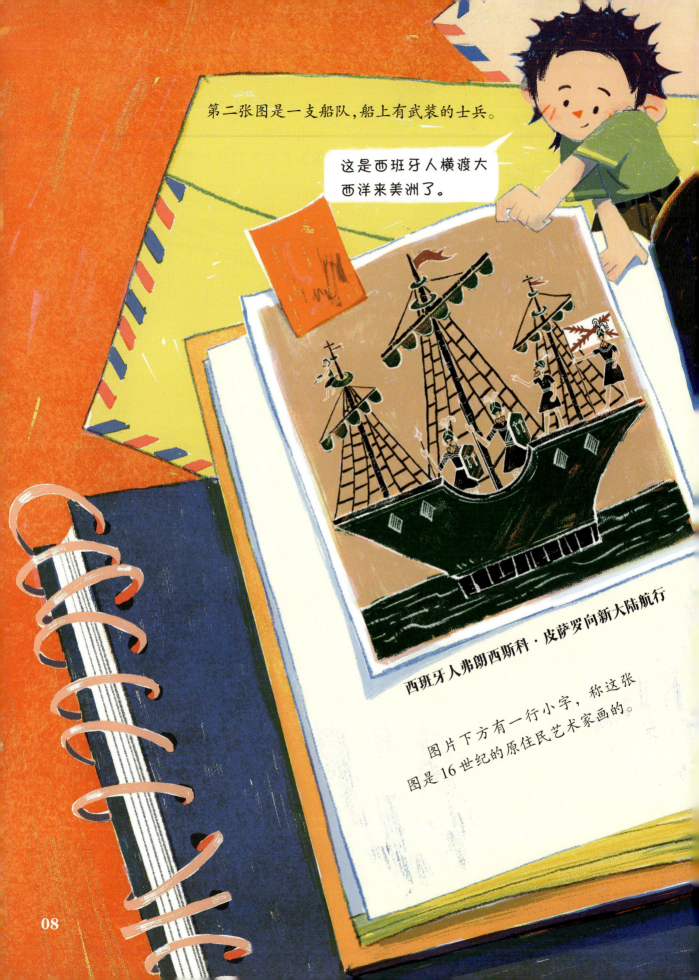

西班牙人弗朗西斯科·皮萨罗向新大陆航行

图片下方有一行小字,称这张图是16世纪的原住民艺术家画的。

第三张图下方写道：印加帝国的君主感染了欧洲人带来的天花病毒而亡，他临死前指定的继承人不久后也被天花夺去了性命。

❷ 年仅 17 岁的曼可·印加被西班牙人扶植为傀儡君主。

❶ 1533 年，印加君主阿塔瓦尔帕·印加被西班牙人处死。

❹ 1536 年，曼可带着印加人起义，印加勇士和骑着马的西班牙人战斗。

❸ 印加人向西班牙人赠送妇女作为礼物。

10

5 曼可带着游击队撤退到安第斯山脉。

6 1539 年，曼可的王后被西班牙人处死。

7 曼可的最后一位将军被西班牙人烧死。

8 1572 年，印加最后一位君主被西班牙人用链子锁着押回首都库斯科。

最后一张黑白照片是"失落的印加城市"马丘比丘。

书的开篇还有一份大事年表，两人一边阅读一边讨论。

"西班牙人到达美洲之前，中美洲有一个阿兹特克帝国，南美洲有一个印加帝国。"聪聪总结道。

"欧洲人带到美洲的病毒竟然如此厉害，连印加帝国的君主都因为感染天花死了。"丫丫决定查一下什么是天花。

天花

天花是一种烈性传染病，感染天花的人会出现高烧、浑身乏力、恶心呕吐和严重的皮疹，治愈后脸上会留下麻子。天花病毒可通过病人穿过的衣物、用过的床单和被褥传播，传染性极强，致死率很高，许多患者在皮疹发作的头几天就会死去。

14

美洲大瘟疫

　　随着航海者的到来，天花、麻疹、鼠疫、斑疹伤寒、霍乱、疟疾和黄热病等各种传染病开始在印第安部落中传播。由于美洲原住民长期生活在相对隔绝的环境中，体内缺乏相应的抗体，所以疾病蔓延的速度非常快，印第安人成批成批地倒下。以哥伦布建立据点的伊斯帕尼奥拉岛（海地）为例，1492 年前夕，有近 30 万印第安人在岛上生活，到 1496 年哥伦布第二次航海结束时，印第安土著人口减少了三分之一，到 1508 年，土著人只剩下 6 万人，1514 年剩下 1.4 万人，到 1558 年，只有不足 500 人。

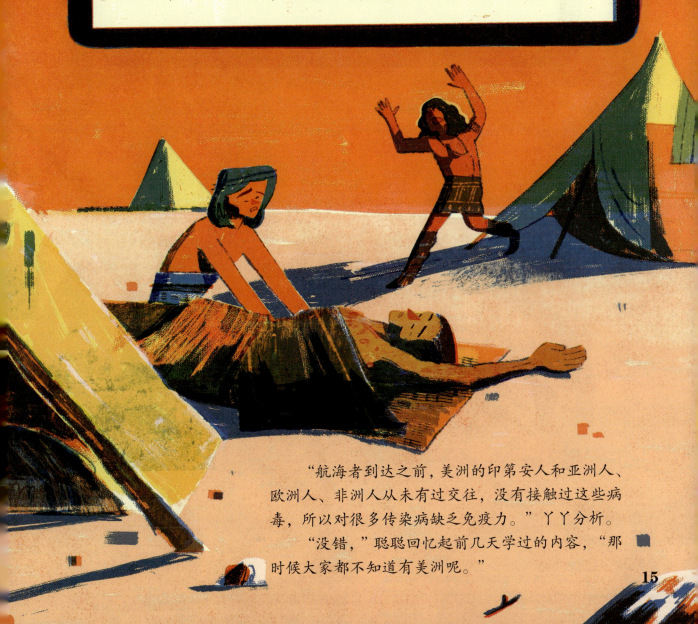

　　"航海者到达之前，美洲的印第安人和亚洲人、欧洲人、非洲人从未有过交往，没有接触过这些病毒，所以对很多传染病缺乏免疫力。"丫丫分析。
　　"没错，"聪聪回忆起前几天学过的内容，"那时候大家都不知道有美洲呢。"

1519 年，西班牙人埃尔南多·科尔特斯率领部下经大西洋航行，初次登陆墨西哥湾，受到阿兹特克皇帝的欢迎，被邀请进入首都特诺奇提特兰。次年，西班牙人再次到达特诺奇提特兰，对阿兹特克人进行屠杀，但被阿兹特克人成功反击。西班牙人逃离后，于 1521 年再次围攻特诺奇提特兰，但这次他们没有再遇到强有力的抵抗，因为此时城内大部分阿兹特克人已经因感染西班牙人带去的天花病毒死亡，就连皇帝也未能幸免。

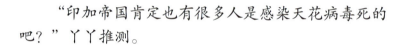

　　"印加帝国肯定也有很多人是感染天花病毒死的吧？"丫丫推测。

　　两人又回过头去读书中的大事年表：

　　1528—1529 年，弗朗西斯科·皮萨罗返回西班牙，获得了西班牙女王许可其征服印加帝国的授权。

　　"太霸道了，女王凭什么可以授权？"聪聪很生气。
　　接下来大事年表里写的，都是哪一年印加的君主、
王后、将军被西班牙人处死。

我们再来查查美洲原来有多少印第安人。

15 世纪末，美洲大陆本来生活了大约 6000 万印第安人，占当时世界人口约 10%。但是，哥伦布到达之后，因为疾病、战乱，到 16 世纪末，美洲原住民只剩下 500 万—600 万人。在不到 100 年的时间里，超过 90% 的印第安人失去了生命。

19

读完大事年表，丫丫提议再上网查找一些有关马丘比丘的资料。虽然书上只有一张黑白照片，但这个"失落的印加城市"似乎有一种神秘的力量，令她念念不忘。

聪聪在搜索引擎里输入"马丘比丘"，看到了许多彩色照片和旅游日记。

这座古代印加城市建在云雾缭绕的高山上，成排连片的建筑占据了其中一个山顶。

马丘比丘

被遗忘了4个世纪的"失落之城"

马丘比丘建于高山之巅，层层梯田绕山而建，田埂由鹅卵石和石块堆砌而成。每层梯田都有"看田人小屋"，梯田最高处有"守望者之屋"。山崖上的古城被石墙环绕。太阳神庙是古城唯一的圆弧形建筑，弧形围墙上那两扇不起眼的窗户可分别在夏至日和冬至日把阳光引入神殿。据推测，马丘比丘可能是印加人的祭祀中心或贵族别墅。

印加帝国灭亡后，马丘比丘就被人们遗忘了。直到1911年，一个美国人在南美洲考古时无意中发现了它。因为没有任何文字，这座城市留下了许多谜团。现在，马丘比丘是秘鲁最受欢迎的旅游景点。

印加人为什么要在山顶上建一座石头城？

那些石头是怎么运上山顶的呀？

亲爱的爸爸：

　　今天我和聪聪一起读了《印加帝国的末日》。我们都很同情印加人，他们有的因为感染欧洲人带去的病毒死了，有的被欧洲人杀死，最后连家园也没有了。还有，印加人在山顶上建造了马丘比丘，这座城市很了不起，但可惜印加人没有留下文字，马丘比丘变成了一个谜。真希望有一天我也能去参观。

第六课 大西洋上的地狱之路

　　上学路上，丫丫和妈妈聊起了印第安人的故事，感慨印第安人的美洲变成了欧洲人的美洲。

　　妈妈告诉丫丫，被大航海改变命运的还有很多非洲黑人，他们有的被贩卖到美洲做奴隶，有的在路上就死了。

　　"至于背后的原因，你可以去查一查黑三角贸易。"

29

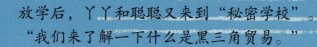

放学后，丫丫和聪聪又来到"秘密学校"。
"我们来了解一下什么是黑三角贸易。"

黑三角贸易

黑三角贸易始于16世纪，持续了约400年之久，是以贩卖黑人奴隶为主的航海贸易。当时，欧洲的奴隶贩子从本国出发，先沿海岸南下至非洲几内亚湾，在非洲购买奴隶后，沿"中央航路"横渡大西洋到达美洲西印度群岛，在美洲出售奴隶，并购买糖、烟草等货物返回欧洲，如此构成一条近似三角形的航线。又因为贩卖的是黑色人种，所以被称为黑三角贸易。

从非洲海岸横渡大西洋向美洲贩卖奴隶的航海路线称作"中央航路"。这段路程一般需要50—80天，有时甚至长达6个月之久。

"天啊，他们竟然贩卖人口！"聪聪瞪大了眼睛，"真是太可怕了。"

"他们为什么要把非洲黑人卖到美洲去？"丫丫注意到下面这篇文章。

殖民者需要劳动力

哥伦布第二次航海期间，他的船队把旧大陆各种农作物和牲畜运往美洲。他们发现，农作物在美洲长得很好——8 天的长势相当于在西班牙的 20 天。

在各种农作物中，人们尤其喜欢甘蔗，因为他们发现可以从甘蔗中提炼出蔗糖。而在此之前，糖是一种稀有、昂贵的调味品，只有少数皇亲贵族才能享用。

欧洲

亚洲

非洲

那时的糖有那么稀奇？！

　　肥沃的土壤、充足的阳光、适宜的气候，使甘蔗在美洲这片土地上迅速生长，糖的产量大大提高，从此平民也有机会品尝糖的味道。随着人们对糖的需求量不断增加，殖民者开始在美洲种植更多的甘蔗，一个又一个甘蔗种植园如雨后春笋般涌现。

但无论是种植甘蔗还是提炼蔗糖，都需要大量的劳动力。由于疾病和战争已导致印第安人口所剩无几，因此殖民者开始购买非洲黑人作为奴隶在种植园劳动。1550—1650 年，有65 万非洲奴隶被船只运到西班牙和葡萄牙在美洲的殖民地。

17 世纪中叶，因为疟疾的暴发，英国人在北美洲的种植园也出现了劳动力不足的问题。一些种植园主便使用比较廉价的非洲奴隶，结果发现非洲奴隶更容易活下来。原来，在西非和中非，很多人天生就对疟疾有抵抗力。于是，越来越多的种植园主开始使用非洲奴隶，英国人从此成为世界上最大的奴隶贩子。

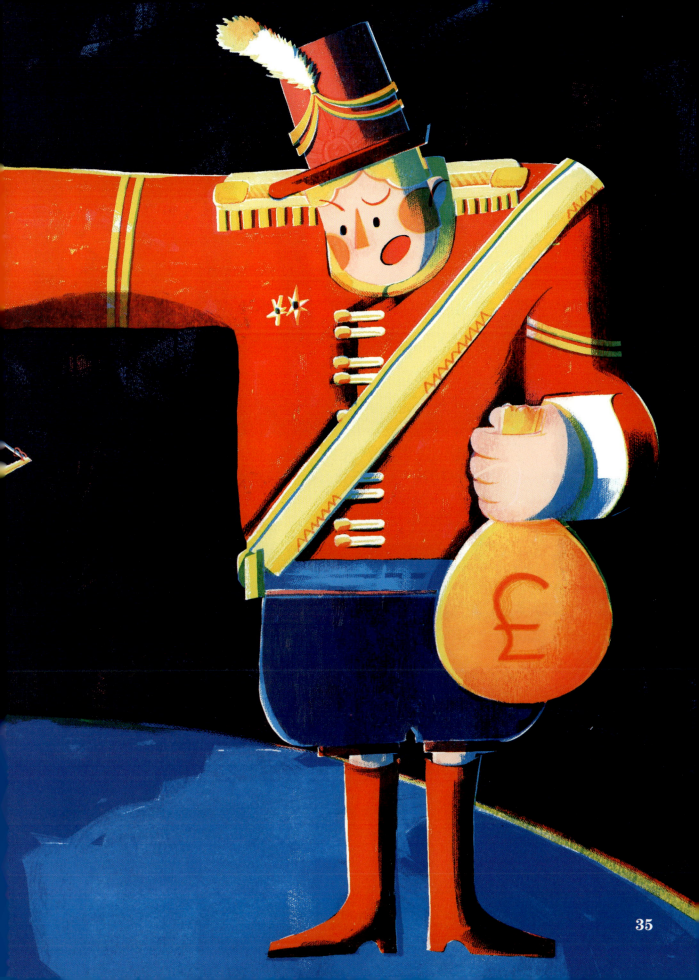

　　"正是因为黑人对疟疾有很强的抵抗力，所以反而
成了种植园的廉价劳动力。"聪聪总结道。

　　"唉，多希望他们不要有那么好的抵抗力。"

　　聪聪点点头，然后从口袋里掏出几粒糖。两人一边
吃糖，一边感慨这美味背后竟然有如此心酸的故事。

那么欧洲人为什么能在非洲
买到黑人？这些黑人又是怎
么被卖到美洲的？

　　两人在网上图书馆搜索到一本书——《美洲奴隶贸易：起源、繁荣与终结》。
　　"看这儿，"丫丫指着书上的一段话读道，"1562 年，英格兰著名航海家约
翰·霍金斯首次参与了盎格鲁 - 撒克逊人的奴隶贸易。第一次前往非洲时，约翰·霍
金斯停靠在了非洲海岸，通过半贸易半武力的方式夺取了一艘贩奴船。他将船上
的 300 名奴隶卖到了西印度群岛，获得了高额利润。"

"约翰·霍金斯回到了英格兰。英格兰女王伊丽莎白一世听说他的冒险故事后，宣告说通过武力带走奴隶的做法'是令人憎恶的'，但是她仍然将约翰·霍金斯加封为爵士，约翰·霍金斯继续开展奴隶贸易。"

"伊丽莎白一世和詹姆斯二世都拥有非洲皇家冒险贸易公司的股份。"

"1662 年，英王查理二世为非洲皇家冒险贸易公司颁发了特许执照。这家公司每年向英属西印度群岛殖民地运送约 3000 名黑奴。"

没想到连英格兰的国王都参与奴隶贸易！

看来奴隶贸易确实非常赚钱。

盎格鲁－撒克逊人，通常指 5 世纪中期西罗马帝国灭亡后，西北欧的一些日耳曼人沿海岸线西行，穿过英吉利海峡涌入不列颠，在那里殖民。他们的后代在大航海时代成为海上霸主，并建立美利坚合众国。

"我们来看看奴隶海岸。"丫丫翻到第五章。

"奴隶海岸位于非洲的大西洋海岸，非洲北部的佛得角和南部的本格拉或圣玛莎角之间……"

两人查看了一下地图，具体位置大概是在非洲西部凹进去一个叫几内亚湾的地方。

他们从书上看到：

　　早期，非洲的部落首领
会拥有一些奴隶，这些奴隶
可能是部落战争中的俘虏，或
是一些负债者为了抵债，还有亵
渎神灵的人受罚成了奴隶。但在
奴隶贩子到来前，奴隶被视为奴隶
主家庭中的一员。白人到来前，奴
隶海岸的奴隶很少。

奴隶海岸，即现在的尼日利亚和喀麦隆
一带，是非洲人口最密集的区域。由于
这里是很多河流的出海口，便于把内陆
的黑人奴隶运到港口，奴隶贸易在此达
到顶峰。

丫丫和聪聪还发现，为了买到更多奴隶，殖民者用了很多卑鄙的手段。比如：

他们假装与当地人吵架，然后架起大炮，在周日袭击了一个黑人村庄，杀死了许多居民，并囚禁了一些人；

他们找到一名对当地部落充满怨恨的首领，煽动并资助他复仇，同时还向这名部落首领暗示，一些身体强壮的居民妄想取代他的位置，最好的办法就是将这些"有野心"的人卖掉。

更糟糕的是，奴隶价格上涨很快，为了得到更多奴隶，那些贩奴船船长还购买被绑架来的自由人。因此，奴隶贸易也成了一些非洲人的经济来源。

一名叫亚历山大·福尔肯布里奇的随船医生说，18世纪下半叶，他接触的大部分奴隶都是被绑架来的。比如：

一个妇女受邻居邀请前去拜访，一进门就被两个男人绑架并带到了贩奴船上；

一对父子正在种植白薯，忽然灌木丛中钻出来几个男人，强行带走了他们。

原本当地居民主要以农业为生，但后来他们成了奴隶海岸劫掠者们的主要猎物，幸存下来的人则被迫加入劫掠者的队伍。

奴隶贩子们还煽动海岸部落对内陆部落发起海盗式袭击。

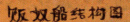
贩奴船结构图

算下来两层甲板之间只有 1.1684 米。

第六章介绍了中段航程，这是黑三角贸易中最危险也最臭名昭著的一段航程。

18 世纪建造的贩奴船都有两层甲板，两层甲板之间只有三英尺十英寸高，奴隶们都被关押在这两层甲板之间。

1 英尺 = 0.3048 米

1 英寸 = 0.0254 米

奴隶们被迫躺在船舱里，双脚伸出舱外。男性奴隶的脚镣通常被固定在锁链或铁杆上，铁杆被固定在甲板上或连接到船舱的天花板上。为了在船上装载更多的奴隶，他们不得不侧身躺着，一个个胸脯贴着后背，就像沙丁鱼罐头。

44

贩奴船船长知道拥挤的船舱环境会引发疾病，因此将奴隶们带到甲板上，强迫他们唱歌跳舞。当健壮的奴隶贩子拿着鞭子来回走动时，奴隶们就会唱起家乡的歌曲并跳舞，没有被缚住的一只脚敲着甲板。

　　在400多年的黑奴贸易中，非洲可能损失了2亿多人口，其中大部分并没有到达美洲，而是在贩运途中就被杀害或染上疾病而死。

　　"太罪恶了，简直是一条地狱之路。"读到这里，丫丫和聪聪心情沉重。

写邮件

亲爱的爸爸：

今天我们了解了大西洋上的黑三角贸易。欧洲人在美洲殖民后，因为种植园需要大量的劳动力，而印第安人已经死了太多，于是开始大量购买黑人奴隶，主要原因是黑人生存能力强。奴隶贩子不仅在非洲购买奴隶，还通过欺骗、绑架获得奴隶，然后运输到美洲售卖，很多黑人奴隶在大西洋上航行期间就不幸死去。奴隶贸易真是一场罪恶的贸易！

第七课 皇家海盗

老时间，老地点，丫丫和聪聪再次讨论起印第安人和黑人奴隶的血泪史。

　　"没想到连英国王室也从奴隶贸易中赚钱。"聪聪感到忿忿不平。

　　"不只这样呢，你知道皇家海盗吗？"丫丫卖了个关子。

皇家海盗

　　16世纪，大西洋上出现了一种武装商船，专门袭击、抢劫西班牙运输船队。因为拥有当时的英国女王伊丽莎白一世颁发的"私掠许可证"，所以他们又被称为皇家海盗。这些私人的海盗船可以合法地攻击和劫掠别国商船，王室则按一定比例瓜分劫掠所得的财富。此后，其他国家也纷纷效仿。

　　"海盗竟然还有从业许可证，而且是王室颁发的！"聪聪吃惊得瞪大了眼睛。

　　丫丫解释说："他们这么做都是为了钱，毕竟西班牙船队运输的财富也是从美洲抢来的。"

　　大航海使欧洲诸多国家通过掠夺和殖民获得大量财富。最先进行航海探险的葡萄牙和西班牙曾把全世界分为东西两个半球进行利益瓜分，比如1500—1650年，超过180吨黄金和16000吨白银从美洲运往西班牙。这些巨额财富大多被王室和贵族控制。势力强大的王公贵族把这些财富大量用于购买奢侈品、兴建宫殿和教堂、扩充军备。葡萄牙和西班牙运回的一船船黄金白银，令周边国家眼红不已。

大航海时代，又被称作地理大发现，指 15 世纪末 16 世纪初世界各地，尤其是欧洲发起的远洋航海活动。

53

"所以一开始是葡萄牙和西班牙的航海最厉害。"聪聪总结道。

"就是这两颗'牙'把全世界瓜分了。"丫丫补充了一句。

"葡萄牙先进入印度洋，接着西班牙到了美洲。所以葡萄牙瓜分东半球，西班牙瓜分西半球，是不是这样？"

"你说得对。"丫丫表示赞同。

他们从网上看到：

葡萄牙和西班牙两大霸主因为争夺殖民地发生争执，后来经罗马教皇调停，两国进行了利益分配。1493 年，他们确立了一条教皇子午线，这条线从北极向南，穿过大西洋佛得角岛以西 370 里格的位置，一直到南极。教皇规定，这条线以东所有新发现的殖民地都归葡萄牙所有，这条线以西则归西班牙所有。

教皇为什么有那么大的权力？

因为当时的葡萄牙、西班牙王室都是狂热的天主教徒，都受罗马教皇的领导。

可亚洲人、非洲人和美洲原住民又不受教皇领导……

💡 1 里格相当于 3 海里，也就是 5.556 公里。

55

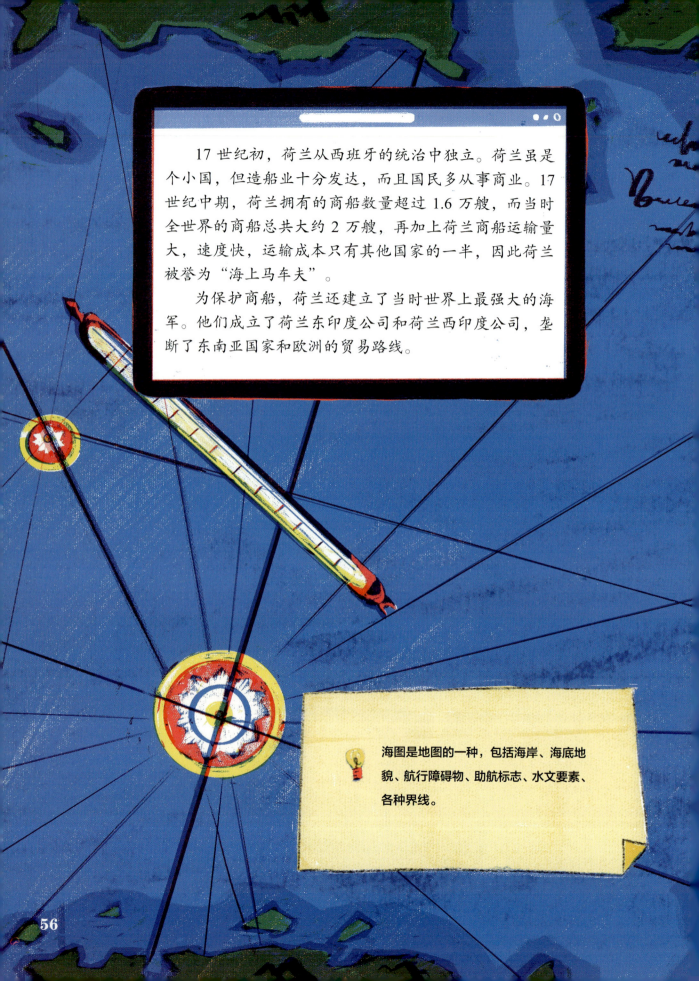

　　17 世纪初，荷兰从西班牙的统治中独立。荷兰虽是个小国，但造船业十分发达，而且国民多从事商业。17 世纪中期，荷兰拥有的商船数量超过 1.6 万艘，而当时全世界的商船总共大约 2 万艘，再加上荷兰商船运输量大，速度快，运输成本只有其他国家的一半，因此荷兰被誉为"海上马车夫"。

　　为保护商船，荷兰还建立了当时世界上最强大的海军。他们成立了荷兰东印度公司和荷兰西印度公司，垄断了东南亚国家和欧洲的贸易路线。

海图是地图的一种，包括海岸、海底地貌、航行障碍物、助航标志、水文要素、各种界线。

一位荷兰富商曾无比骄傲地说："凡有海水之处，就有我们商船的踪迹！"

荷兰的远洋航海能力之所以发展得如此迅速，除了和发达的造船业有关，还因为荷兰人对海图相当重视。起初，他们通过收买葡萄牙人，获得了远东地区的海图。后来，他们委托出海的水手绘制海图，并大量印刷、发行，向所有船员公开。而在此之前，海图主要被葡萄牙政府垄断，属于高度保密的资料，一般的商船无法获得。

公开海图后，大家都能去航海了，所以荷兰的航海才发展得这么快。

大家好才是真的好！

57

不同于西班牙王室的绝对权力，英国王室的权力受议会限制。英国《权利法案》规定，不经议会同意，国王不能征税。女王通过颁发"私掠许可证"可为王室增加不少收入。据估计，1585—1604年，英国每年至少有100—200艘海盗船在大西洋抢劫西班牙运输船队。

随着海盗船事业日益兴旺发达，英国政府不仅积累了巨额财富，还增强了海上作战力量，建立了强大的海军。16世纪下半叶，英国海军终于打败西班牙无敌舰队。17世纪中叶，因无法容忍荷兰垄断全球贸易，英国开始与荷兰争夺海上利益。1652年5月，英国攻击荷兰商船，从而引发两国海军的大规模战争。17世纪，英国与荷兰发生了三次战争。18世纪，英国又赢得了对法国的七年战争。从此，英国成为新的海上霸主，在世界各大洲建立殖民地，自称"日不落帝国"。

两人接着看网上的资料，丫丫指着一篇题为"海洋是自由的吗？"的文章说："我们来看看这是怎么回事。"

海洋是自由的吗？

1603 年，荷兰东印度公司在马六甲海峡打劫了一艘名为"圣·卡特琳娜号"的葡萄牙商船，这艘商船及满船的珍贵货物后来被带到荷兰阿姆斯特丹，交由法庭审判。1604 年 9 月，法庭将船上大部分货物判给荷兰东印度公司，这引起了国际争端，荷兰东印度公司急需从法律上证明他们打劫葡萄牙商船这一行为是合法的。

真是一个抢来抢去的时代。

荷兰东印度公司请法律顾问格劳秀斯来为自己辩护，格劳秀斯写了20万字的《海洋自由论》并匿名发表。

海洋是全人类共有的，因为它无边无际，任何人都无法占为己有；还因为无论从航海方面还是从渔业方面看，它都适合于人类共同使用……。海洋是自由的，为所有国家共有，没有任何一个国家可以对海洋宣称拥有主权；所有人都拥有不受干扰地在国际海域游弋的权利，战时和平时均然……。葡萄牙企图非法剥夺荷兰与东方国家的贸易权利，那么，对它进行战争并没收捕获物是完全正当的。

63

公海，也就是不包括在国家专属经济区、领海内水或群岛国的群岛水域以内的全部海域。公海供所有国家平等使用。

　　一开始，格劳秀斯的辩词被欧洲多国批驳。但那个时候，海上贸易大多被葡萄牙和西班牙垄断，各国为了自己的利益，实际上也非常希望打破这种垄断，因此"海洋是自由的"这一理论很快就被广泛接受。与此同时，每个国家又不希望别的国家来开发、利用本国附近的海洋资源。因此，格劳秀斯后来修正了自己的观点，在另一部经典著作《战争与和平法》中提出"远洋自由"和"近海主权"原则，为日后"公海"这一概念的产生奠定了基础。

65

亲爱的爸爸：

你知道皇家海盗吗？英国女王竟然给海盗船颁发许可证，让他们合法抢劫西班牙船队，海盗抢到财富后就分一些给王室。还有，荷兰东印度公司为了给自己辩护，证明他们的抢劫是合法行为，提出了海洋是自由的，是大家的。那时大家都抢来抢去，好可怕啊！

亲爱的丫丫：

　　那真是一个强盗的时代，好在这种时代已经过去了，现在有很多国际公约和国际法，不能再这样乱来了。在公海上航行的船舶都必须悬挂本国的国旗，这样就能受到国家的保护。

第八课　达尔文也是航海家

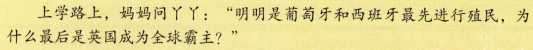

　　上学路上，妈妈问丫丫："明明是葡萄牙和西班牙最先进行殖民，为什么最后是英国成为全球霸主？"

　　"因为皇家海盗，英国的海军发展得很快。"

　　"不错。英国还非常重视科技的发展，英国海军有专门的水文部门，负责测量世界各地海洋、海岸的水文和水下地形并绘制海图，我国长江口最早的海图就是英国海军测绘的。"

　　妈妈接着说："达尔文就是搭乘一艘海军军舰进行环球考察后才成为一名真正的科学家的。"

　　"达尔文也去航海过？"丫丫一下子来了兴趣。

　　"你可以读一下《达尔文回忆录》，是他晚年写的，这本书里有他小时候的故事，还解释了他为什么会去航海。"

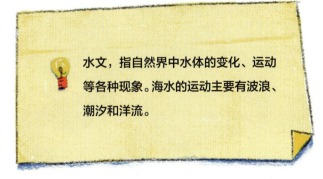

水文，指自然界中水体的变化、运动等各种现象。海水的运动主要有波浪、潮汐和洋流。

放学后，丫丫从妈妈办公室找到了《达尔文回忆录》，她还看到一本很古老的书——《达尔文在贝格尔舰上（1831—1836 年）的旅行日记》。

1. 详细测量南美洲东西海岸和它们附近的岛屿，并编制详细的海洋地图。

72

在"秘密学校"，丫丫和聪聪一起翻看了这本旅行日记，了解到达尔文搭乘的贝格尔舰（也叫小猎犬号）于1831年12月至1836年10月完成了一次环球航海，主要有两项任务。

大航海时代，人们是怎么测定经度的？

2. 绕整个地球进行一连串的计时器测量工作，以精密测定这些地点的经度。

地球自西向东自转，转完一整圈（360°）需要24小时，也就是每小时转二十四分之一圈，等于15°。所以，假如知道两个地点在同一时刻的时差，就能推算出两地所跨越的经度。

在旅行日记的绪论里，丫丫和聪聪读到这样一段话：

达尔文自己时常强调，贝格尔舰上的旅行对他形成生物进化的观点起了巨大的作用，他说："贝格尔舰上的旅行是我一生当中最最重大的事件，并且决定了我的全部研究事业。"

我们来看达尔文的回忆录吧，我想知道他到底为什么会去航海。

妈妈说得没错，这次旅行改变了达尔文的一生。

达尔文的祖父和父亲都是医生，父亲相当有声望，母亲在他八岁那年就去世了。达尔文有一个哥哥和四个姐妹。哥哥从小热爱阅读，还经常提供书籍给达尔文，激发了达尔文阅读的兴趣。

第一章 从我诞生起到进入剑桥大学前

我最喜好阅读各种图书，时常一连几小时静坐不动，专心阅读莎士比亚的历史剧。

在我中学时代的早期，有同学购了一本《世界奇迹》；我就向他借来，时常阅读它；而且还和其他同学互相争论书中的记述是否确实可靠。我认为，就是这本书首先引发了我要到遥远地区去旅行的心愿；后来，由于乘坐贝格尔舰出国航行，才实现了这个宏愿。

在阅读了怀特的著作《塞尔伯恩》后，我十分高兴地去观察鸟类的习性，甚至还写了一些关于这方面的笔记。

"看来环球航行是一直以来埋藏在达尔文心底的一个愿望呢。"

丫丫点点头："他读书，不只是读有趣好玩的故事，还会根据书里讲的方法去做，思考书里讲得对不对。"

童年达尔文十分喜爱观察自然，收集各种标本，他尝试给植物规定名称，还去搜集各种各样的玩物，如贝壳、火漆封印、钱币和矿石，梦想成为一个研究分类的自然科学家、古玩收藏家或守财奴。

　　"哈哈！"丫丫和聪聪会心一笑，"非常喜欢收集各种标本，我们俩也是。"

　　当读到达尔文中学时代"有了极其浓厚的多种多样的兴趣，很急切地想要理解自己感兴趣的事物，而且一旦弄清楚任何复杂的问题或事物时就会非常快乐"时，丫丫和聪聪默契地交换了一下眼神，因为他们也常常能体会到这种快乐。

中学快结束时，由于哥哥非常喜欢化学，达尔文也对化学产生了浓厚的兴趣。两人经常因为化学实验干到深夜。但不知怎么，学校里的师生知道了他们研究化学的事情，校长勒特勒博士公开指责达尔文在这类毫无用处的问题上白白浪费时间。

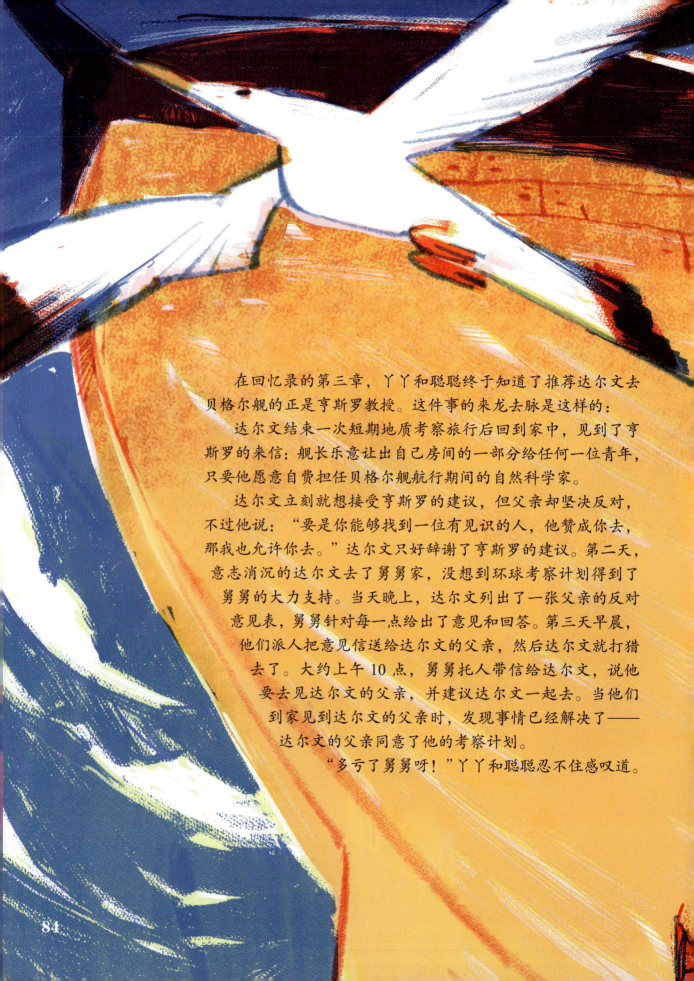

在回忆录的第三章，丫丫和聪聪终于知道了推荐达尔文去贝格尔舰的正是亨斯罗教授。这件事的来龙去脉是这样的：

达尔文结束一次短期地质考察旅行后回到家中，见到了亨斯罗的来信：舰长乐意让出自己房间的一部分给任何一位青年，只要他愿意自费担任贝格尔舰航行期间的自然科学家。

达尔文立刻就想接受亨斯罗的建议，但父亲却坚决反对，不过他说："要是你能够找到一位有见识的人，他赞成你去，那我也允许你去。"达尔文只好辞谢了亨斯罗的建议。第二天，意志消沉的达尔文去了舅舅家，没想到环球考察计划得到了舅舅的大力支持。当天晚上，达尔文列出了一张父亲的反对意见表，舅舅针对每一点给出了意见和回答。第三天早晨，他们派人把意见信送给达尔文的父亲，然后达尔文就打猎去了。大约上午 10 点，舅舅托人带信给达尔文，说他要去见达尔文的父亲，并建议达尔文一起去。当他们到家见到达尔文的父亲时，发现事情已经解决了——达尔文的父亲同意了他的考察计划。

"多亏了舅舅呀！"丫丫和聪聪忍不住感叹道。

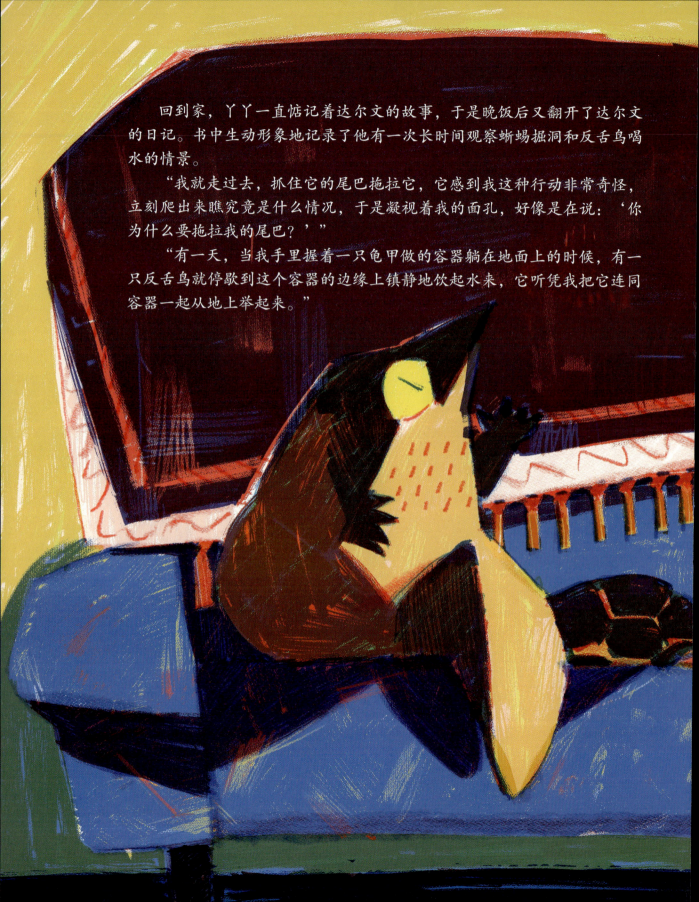

　　回到家，丫丫一直惦记着达尔文的故事，于是晚饭后又翻开了达尔文的日记。书中生动形象地记录了他有一次长时间观察蜥蜴掘洞和反舌鸟喝水的情景。

　　"我就走过去，抓住它的尾巴拖拉它，它感到我这种行动非常奇怪，立刻爬出来瞧究竟是什么情况，于是凝视着我的面孔，好像是在说：'你为什么要拖拉我的尾巴？'"

　　"有一天，当我手里握着一只龟甲做的容器躺在地面上的时候，有一只反舌鸟就停歇到这个容器的边缘上镇静地饮起水来，它听凭我把它连同容器一起从地上举起来。"

透过这些细致的文字记录，丫丫明白了达尔文就是从考察时观察到的现象中推断出野生动物对人类的警觉是和人类长期相处后演变的结果。丫丫还了解到环球考察结束后，达尔文又花了很多年整理和分析考察期间收集的材料，并逐渐对圣经中的神创论产生怀疑，最终写出了《物种起源》，提出了进化论。

在达尔文的青少年时代，欧洲人普遍相信神创论，认为世界万物都是上帝创造的。根据神创论，地球上所有的生物在被上帝创造之后永远不会发生变化。

亲爱的爸爸：

今天我和聪聪一起读了《达尔文回忆录》，才知道达尔文竟然也是一名航海家。如果不是这次长达五年的环球航行，他可能会成为一名乡村牧师。幸亏他舅舅支持他去参加环球航行，他爸爸听了舅舅的意见后也同意他去自费参加了。我还了解到达尔文从小喜欢阅读和观察自然，爱好思考，难怪他后来会成为一名了不起的科学家。

王张华

　　华东师范大学教授，长期从事河口海岸带的地质环境演变、海岸带人类文明与环境变化研究。多次获得上海市科学技术奖、国土资源科学技术奖和中国地质调查成果奖。作为环境领域专家参与拍摄央视纪录片《良渚》、上海广播电视台纪录片《广富林猜想》《江海遗珍·长江口二号》。代表作品《我要去航海》入选第二届"童阅中国"原创好童书年度入围书目、全国家庭亲子阅读导读书目、2023年全国中小学图书馆（室）推荐目录。

陈澜插画工作室

　　陈澜插画工作室成立于2020年，起源于华东师范大学设计学院插画设计专业，由陈澜教授主理。工作室以插画设计专业优秀在校学生为主体，旨在用插画发声，拓展插画设计更多可能性，同时向社会展示、推广具有插画设计专业思维和独特竞争力的年轻插画创作团体。目前工作室已与多家出版社合作完成三套儿童绘本的创作。

上海科普教育发展基金会资助项目

上海市闵行区科普资助项目

我们的
秘密航海课

③

王张华　编著

陈澜插画工作室　绘

上海教育出版社

SHANGHAI EDUCATIONAL
PUBLISHING HOUSE

第九课 河狸的悲剧

接着他们又搜到了河狸帽子。

资料显示，欧洲上流社会一度非常流行戴高高的礼帽，就像《爱丽丝梦游仙境》里疯帽子戴的那种，其中最受追捧的就是河狸皮做的帽子。

由于当时欧洲贵族对河狸皮毛的需求非常旺盛，从事皮毛生意的人可以获得极高的利润，因此整个欧洲的河狸很快被猎杀殆尽。

河狸帽子有什么特别之处？

河狸的皮毛带有微小的倒刺，可以使绒毛非常密实地压在一起，所以河狸帽子不仅柔顺，还有特别好的防水效果，下雨天也不会变形。

16—17世纪，随着欧洲人开始在北美殖民，那些皮毛生意人纷纷将目光转向北美。

最先在北美做皮毛生意的是法国人。出色的法国航海家、探险家塞缪尔·德·尚普兰带着殖民者在今天的加拿大形成了"新法兰西"，主要目的就是做皮毛生意。

但由于他们人太少，不可能完全自己动手捕杀河狸，因此只能依靠印第安人。一个法国商人在欧洲花4英镑买下刀子、铃铛、玻璃这些小玩意儿，到了北美就可以从印第安人那儿换一张河狸皮，而这张河狸皮在欧洲能卖110英镑。

就这样，小小的河狸帽子成了法属北美殖民地的经济支柱。1787 年，光是加拿大出口的河狸皮就多达 14 万张。

　　河狸皮毛生意背后的暴利吸引了更多欧洲人，尤其是英国人到北美猎杀河狸。17—19 世纪，北美的河狸遭到了大规模的地毯式杀戮。

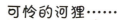

可怜的河狸……

幸亏现在河狸的数量开始慢慢恢复了。

1620—1630年，北美东海岸每年被猎杀的河狸超过1万只；1630—1640年，每年被猎杀的河狸超过8万只。

到18世纪末，每年被猎杀的河狸数量上升到26万只，北美东海岸的河狸几乎消失。

1620~1640   18世纪末

19世纪初，贪婪的猎杀者又追逐到北美西海岸，被猎杀的河狸数量继续上升。

在欧洲人殖民之前，北美洲广大河流湿地中大概栖息着6000万至2亿只河狸。到20世纪，由于皮毛价格过高，丝绸成为新的流行服饰，再加上环保运动兴起，对河狸的大规模猎杀终于停止。今天，北美河狸的数量已经恢复到1000万至1500万只。

19世纪初

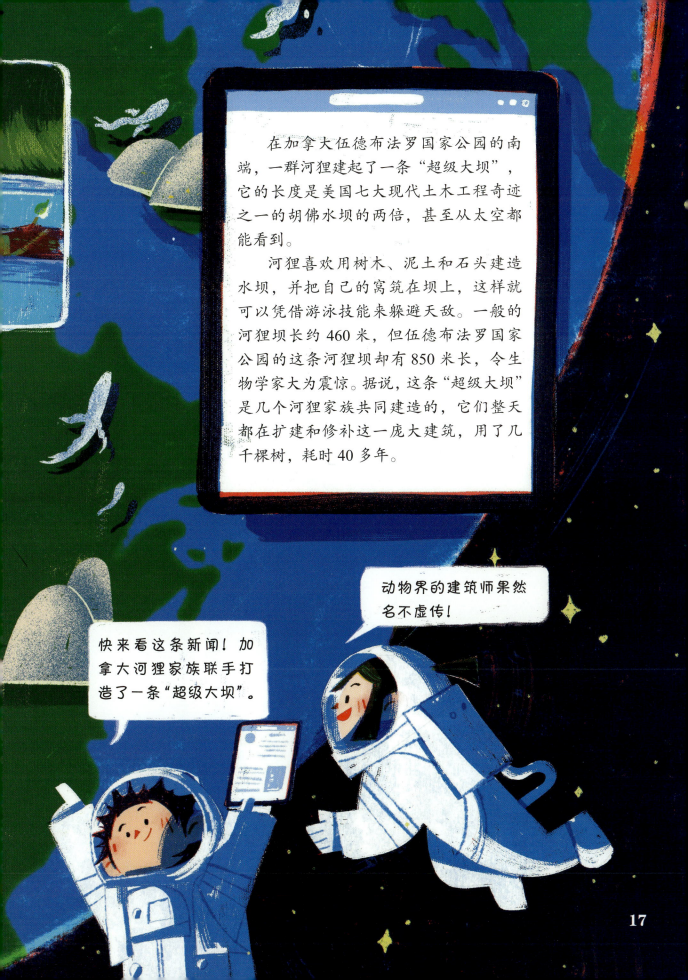

在加拿大伍德布法罗国家公园的南端，一群河狸建起了一条"超级大坝"，它的长度是美国七大现代土木工程奇迹之一的胡佛水坝的两倍，甚至从太空都能看到。

河狸喜欢用树木、泥土和石头建造水坝，并把自己的窝筑在坝上，这样就可以凭借游泳技能来躲避天敌。一般的河狸坝长约460米，但伍德布法罗国家公园的这条河狸坝却有850米长，令生物学家大为震惊。据说，这条"超级大坝"是几个河狸家族共同建造的，它们整天都在扩建和修补这一庞大建筑，用了几千棵树，耗时40多年。

动物界的建筑师果然名不虚传！

快来看这条新闻！加拿大河狸家族联手打造了一条"超级大坝"。

17

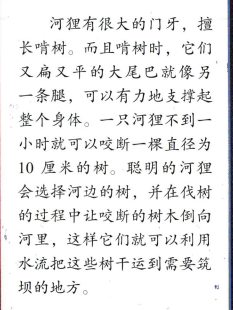

河狸有很大的门牙，擅长啃树。而且啃树时，它们又扁又平的大尾巴就像另一条腿，可以有力地支撑起整个身体。一只河狸不到一小时就可以咬断一棵直径为10厘米的树。聪明的河狸会选择河边的树，并在伐树的过程中让咬断的树木倒向河里，这样它们就可以利用水流把这些树干运到需要筑坝的地方。

那么河狸是怎么筑坝的呢？

资料显示，河狸有一口"铁齿铜牙"，这应该就是他们的伐木工具！

18

河狸为什么这么热衷于筑坝呢？

为了躲避天敌吧！毕竟森林里大到熊、狼、狐狸，小到野猫都对他们虎视眈眈，还是呆在水里比较安全！

　　河狸需要住在有一定水深的水塘边或水塘中的巢穴里，巢穴的出入口隐藏在水底，这样不会游泳的熊、狼、狐狸、野猫就对它们束手无策。

21

　　天然河道的水深随季节变化，雨季水深增加，旱季则变得很浅。为了保障旱季的水深条件，河狸啃咬树木，用树枝筑坝拦截河水。它们还会经常修补水坝，使水塘的水深能保持在大约 1.2 米。同一个水坝常常会得到几代河狸的持续维护。

　　河狸坝将上游的河流变成了水塘，较高且稳定的水位使河流两岸形成沼泽湿地。这些湿地土壤肥沃，养育着种类繁多的生物，也是鸟类的重要栖息地。由此可见，河狸坝极大地促进了生物的多样性。

湿地，指常年或间隙性被浅水淹没的土地。湿地生物丰富多样，有喜水的草本植物，也有灌木和乔木，还有丰富的鱼类、昆虫和无脊椎动物，是鸟类的乐园。

看来河狸坝跟我们人类的水库也差不多。

但北美洲的河狸被地毯式猎杀后就无法维护它们的水坝了，这些湿地会不会被破坏，鸟类会不会因此失去栖息地？

23

　　研究者认为，河狸坝抬高水位后，在常年被水淹没的草甸中，死去的植物残体很少接触氧气，因此不易腐烂，木材可以在这样的环境里保存 600 年。如果河狸坝被破坏，水位下降，土壤变干，这些木头、草茎就会被细菌分解，变成水和二氧化碳，从而增加大气中温室气体的含量。科学家的测量和估算显示，河狸草甸的土壤中，碳含量达到 12% 左右，但在失去河狸之后，这些土壤中的碳含量下降到 3.3% 左右，两者之间的差值就是被释放到空气中的碳。

　　因此，17—19 世纪欧洲人对河狸的地毯式杀戮造成北美洲大量温室气体的排放，可能对全球变暖有实质性的作用。

没想到河狸坝还有助于调节气候，这么重要的小动物真应该好好保护！

温室气体，指大气中的水汽、二氧化碳、甲烷等气体，这些气体仿佛为地球穿上了一件外套，使地球不那么容易失去热量。自 1850 年以来，全球人类排放的温室气体不断增加，导致地球表面温度上升，即全球变暖。1980 年以来，全球的平均地表温度呈加速上升趋势。

亲爱的爸爸：

今天放学路上我看到了一只神奇的小动物。我和聪聪查了许多资料，猜测它可能是一只河狸。我还知道了河狸坝和河狸帽子，河狸建的水坝对调节气候有很大作用。可惜欧洲人为了河狸帽子，把北美洲的很多河狸都猎杀了。幸亏现在河狸变成了保护动物，数量又多起来了。

第十课　咆哮的海洋

最近，丫丫的妈妈很忙，因为在长江口发现了一艘古代沉船，必须尽快打捞上来，否则长江口的水流可能很快会把它冲散。

丫丫对这艘古船充满好奇，每天一有机会就追着问："船有多大？""船上有什么宝贝吗？""船从哪里来？要去哪里？""船为什么会沉没？"

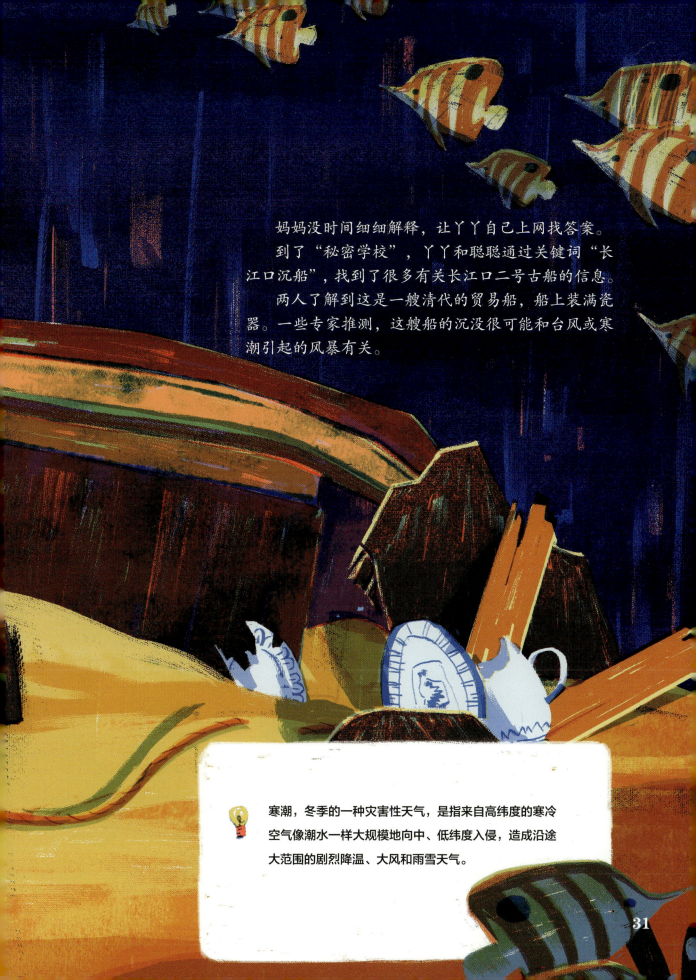

妈妈没时间细细解释，让丫丫自己上网找答案。

到了"秘密学校"，丫丫和聪聪通过关键词"长江口沉船"，找到了很多有关长江口二号古船的信息。

两人了解到这是一艘清代的贸易船，船上装满瓷器。一些专家推测，这艘船的沉没很可能和台风或寒潮引起的风暴有关。

寒潮，冬季的一种灾害性天气，是指来自高纬度的寒冷空气像潮水一样大规模地向中、低纬度入侵，造成沿途大范围的剧烈降温、大风和雨雪天气。

"海上航行经常会遇到风暴吗？"丫丫想到正在前往南极的爸爸，不由得紧张起来。

"我们来查一查吧。"聪聪在搜索引擎里输入"风暴"。

原来风暴是一种有大风暴雨（雪）的强烈天气过程，通常有热带风暴和温带风暴。其中，热带风暴是热带气旋的一种，是在热带海洋生成的气旋性风系。根据气旋中心的底层风速，由弱到强可以分为热带低压、热带风暴、强热带风暴、台风、强台风、超强台风。中心风力达到 8 级以上、风速达到每秒 17.2 米的热带气旋称为热带风暴；中心风力达到 12 级以上、风速达到每秒 32.7 米的热带气旋称为台风（或飓风）。

"我知道了，就是天气预报里说的台风。"聪聪记得有一年开学正好遇到台风"轩岚诺"，奶奶把家里的窗户都关得紧紧的。

"对，有时候台风来了，学校还会停课。"

热带风暴？是那个水上乐园吗？

33

34

"大风会大到把人刮跑吗？"聪聪问。

"刮大风的时候，海面上是怎么样的呢？船也会被风吹跑吗？"丫丫还是有点担心。

两人在网上找到一张风力等级表，表上列出了陆地上和海面波浪0—12级风的情景：

刮5级风的时候，陆地上小树摇摆，海面上会出现2米高的浪；

7级风的时候，在陆地上步行困难，海面上有4米高的浪；

8级风，也就是热带风暴的时候，树枝会被刮断，海上有5.5米高的浪，而且会有浪花；

10级风可以拔起树木，海浪翻滚咆哮，浪高达到9米；

12级风就海浪滔天了。

"所以刮台风的时候不能出海。"聪聪说。

"是的，幸好现在有天气预报，古代没有天气预报，所以常常发生沉船事故。"

"有道理，但我们怎么知道台风什么时候来呢？"

"是卫星。"丫丫在网上找到一张气象卫星的遥感影像，"你看，竟然有三个台风同时出现。"

两人读到这样一段话：

我国迄今为止已经发射了 4 颗风云系列气象卫星，具备可见光、红外线和微波辐射多种传感器。2002 年 5 月 15 日，我国第一颗海洋卫星"海洋一号 A"成功发射，此后又发射了用于监测和调查海洋环境的多颗人造卫星。通过这些海洋卫星，我们可以获得全球绝大部分海域的波浪、风、海面高度、海面温度、洋流、海冰等多种海洋环境信息……

丫丫和聪聪虽然不能完全明白这段话的意思，但他们知道卫星上安装了许多设备，有了这些设备，就可以给地球拍照。

"台风是移动的，光看到有台风还不够，还要知道台风会向哪里移动才行。"

"说得对。"聪聪说，"你看这里写了'利用海洋卫星提供的大范围数据进行计算机数值模拟，实现高精度的台风预报'。"

"看来台风预报需要强大的技术支持。"

遥感影像，就是用飞机、热气球或卫星拍摄、扫描地球表面所形成的图像。

37

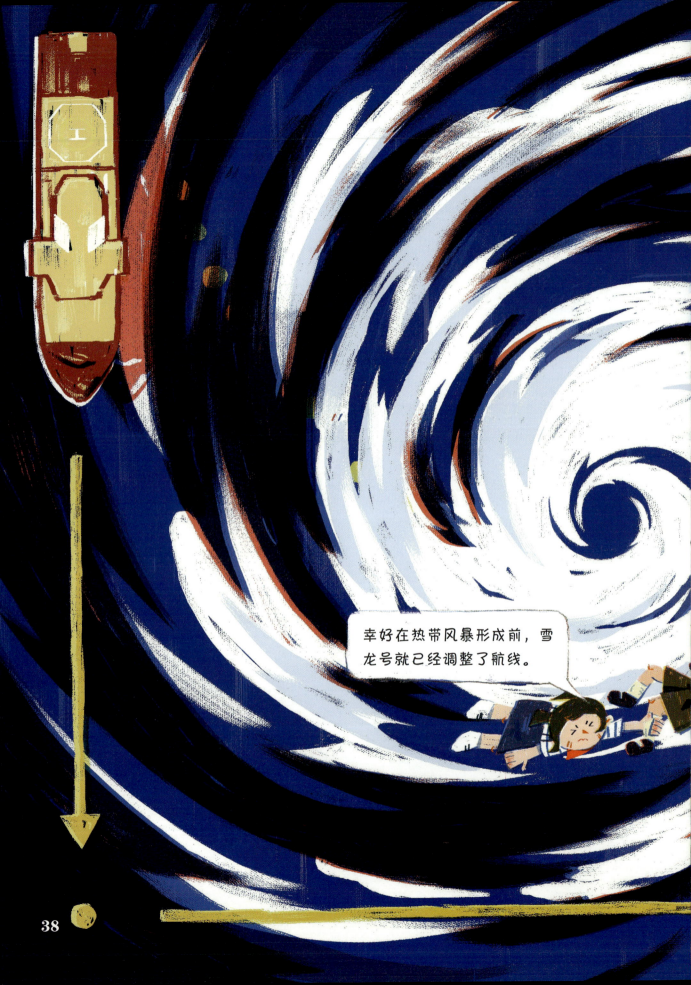

那么，丫丫爸爸去南极的路上到底会不会遇到台风呢？

他们在查找资料时注意到，台风（飓风）主要集中在西北太平洋和东北太平洋。其中，西北太平洋的台风大多发生在5—11月，尤其是6—10月。

"爸爸的船是10月底出发的，所以从上海港到印度尼西亚的路上遇到台风的可能性比较小。穿过印度尼西亚进入南半球后，就进入了南半球的春季，也不太会遇到台风……"丫丫悬着的心总算放了下来。

"别担心，还有天气预报呢，一旦发现台风，可以提前去港口躲避。你看这条新闻。"聪聪打开一条题为"第26次南极科考：雪龙号成功躲避热带风暴"的链接：

北京时间14日8时，气象预报人员发现在距雪龙号东南约600海里的低纬度洋面有一个热带低压正向西北偏西方向移动，并很可能继续加强为热带风暴，与正在向东南方向航行的雪龙号遭遇。为避免与这一热带风暴"正面交锋"，雪龙号于北京时间14日16时调整航向，沿东经130°向正南方向行驶。截至北京时间16日6时，雪龙号已基本摆脱第20号热带风暴可能造成的威胁，并及时调整返回原计划航线。未来一段时间，雪龙号将进入赤道无风带航行，预计不会再受到热带风暴、台风等的影响。

这都是气象预报技术的功劳啊！

"可是到达南极还要穿过南大洋，南大洋有没有危险呢？"

聪聪在搜索引擎里输入"在南大洋航行有什么危险"，发现了一个新名词——"咆哮西风带"。

西风带冷暖空气交汇，发生强烈的相互作用，非常容易形成温带气旋，带来狂风、暴雨和巨浪。南大洋没有陆地阻碍，无论冬夏都在刮猛烈的西风，经常会出现 11 级左右的大风，甚至形成一个暴风圈，因此绰号"咆哮西风带"。要航海去南极，必须经过西风带这道"鬼门关"。航海者们对"咆哮西风带"进行了区分。他们将南纬 40°—50° 的区域称作"咆哮四十度"，因为这里几乎每天都是狂风怒号；将南纬 50°—60° 的区域称作"狂暴五十度"，因为这部分海域常出现比"咆哮四十度"更强烈的风暴与大浪。

好可怕呀！

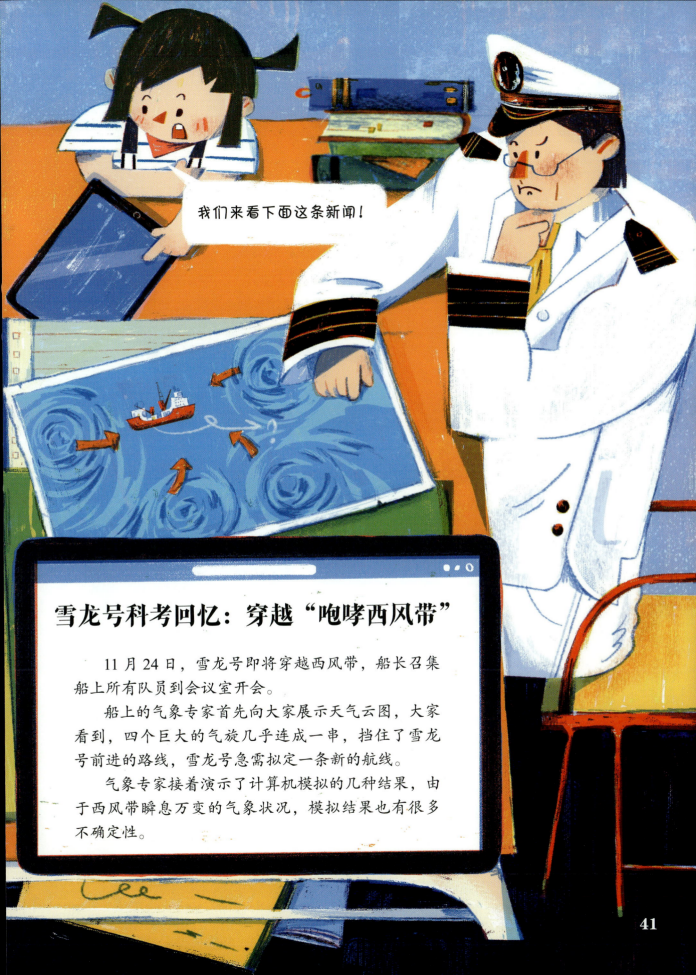

我们来看下面这条新闻!

雪龙号科考回忆：穿越"咆哮西风带"

11 月 24 日，雪龙号即将穿越西风带，船长召集船上所有队员到会议室开会。

船上的气象专家首先向大家展示天气云图，大家看到，四个巨大的气旋几乎连成一串，挡住了雪龙号前进的路线，雪龙号急需拟定一条新的航线。

气象专家接着演示了计算机模拟的几种结果，由于西风带瞬息万变的气象状况，模拟结果也有很多不确定性。

　　经过反复讨论，大家确定了一条最优航线：先改向东南方向，接着在稍弱的第三和第四个气旋之间，寻找机会向南穿越西风带。

　　11 月 28 日，气象室的卫星云图显示，雪龙号正在第四个气旋的西侧边缘。气象队员报告最大风速已经达到 7—8 级，浪高平均 5 米。海浪呼啸着扑向雪龙号，雪龙号左右摇摆，队员们大多开始呕吐、胃痛。

　　11 月 29 日，气象队员报告风速下降到 6 级，平均浪高 3 米，雪龙号正在逐渐摆脱第四号气旋。虽然还未驶出西风带，但是船已经平稳了很多。不过，气温明显下降，大家都换上了厚厚的冬衣。

　　11 月 30 号，雪龙号到达南纬 60°，成功穿越了西风带。

43

亲爱的爸爸：

　　妈妈最近在忙着打捞一艘古代沉船，它叫长江口二号，是一艘木船，长约 38 米，宽约 10 米。我和聪聪在网上查到它可能是因为遇到台风沉没的。爸爸，你乘坐的雪龙号应该比长江口二号大得多吧？幸亏现在有卫星和天气预报，在海上航行安全了许多。希望穿越"咆哮西风带"的时候，爸爸不会晕得太厉害。

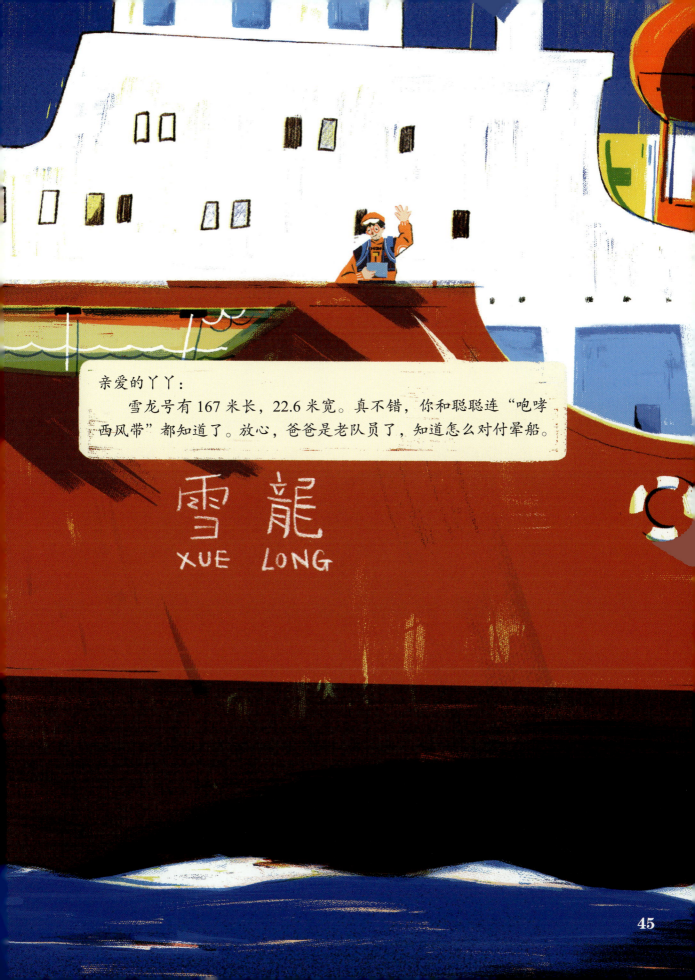

亲爱的丫丫：

雪龙号有 167 米长，22.6 米宽。真不错，你和聪聪连"咆哮西风带"都知道了。放心，爸爸是老队员了，知道怎么对付晕船。

雪龍
XUE LONG

46

第十一课　飘洋过海的不速之客

妈妈终于有空了。

周末，妈妈带丫丫去郊游，经过一片荒地时，她们看到成片成片的黄花。

"好漂亮呀。"丫丫第一次看到颜色如此亮丽的花。

妈妈却皱了皱眉头："那是加拿大一枝黄花，是外来入侵物种。"

"什么是外来入侵物种？"

妈妈解释道："加拿大一枝黄花原来生长在北美，20世纪30年代随轮船来到上海和南京。这种植物的根系非常发达，种子产量也特别高，因此生存和繁殖能力很强，其他本土草本植物竞争不过它。它已经导致30多种本土草本植物物种消亡了。"

没想到这种漂亮的花杀伤力如此之大！

要是没有加拿大一枝黄花，这片荒地应该长满各种各样的杂草，但现在就只剩下它了。换句话说，外来入侵物种很容易对本地生态系统造成破坏。

丫丫追问道："加拿大一枝黄花当初为什么会来到上海和南京？"

"当时是作为观赏植物引进的。"妈妈说，"因为外来物种入侵导致本地生态系统遭到破坏的例子有很多，比如澳大利亚的兔子。除了这些人类有意传播的高等植物和动物，还有远洋轮船压舱水携带的微生物，它们是人类无意中传播的。"

51

周一下午，丫丫给聪聪看她采的加拿大一枝黄花，并告诉他这种外来入侵植物已经对我国许多地方的生态系统造成了很大的危害。

生态系统

- 什么是生态系统？

- 生态系统的组成

"生态系统"用来描述一个特定范围内的生物和环境。按照食物链的关系，生态系统可分成四个组成部分：无机环境、生产者、消费者和分解者。

"一个特定范围"是什么意思？

这说明生态系统的范围可以很大，也可以很小。

53

两人接着往下读：

无机环境指水、土、气等生物生存的环境；生产者指各种绿色植物和部分细菌，它们主要通过光合作用将太阳能转变为有机物；消费者指以动植物为食的各种生物；分解者主要是各种细菌和真菌，它们把死亡的有机物分解成水、二氧化碳等无机物。

丫丫和聪聪抬头看了看被他们当作"秘密学校"的大柏树，不约而同地说："这是生产者。"

接着两人相互看了看对方，说："我们是消费者。"

聪聪笑着补充了一句："但是我们不吃柏树。"

两人又低头看地上的枯枝落叶："分解者隐藏在里面，只是我们看不见。"

自然界所有生物（包括人类）之间，以及生物和自然环境之间都是密切相关的，任何一种生物或环境条件的变化都会引起其他生物和环境的变化，所以人们提出了"生态系统"这个概念。

前面这段话比较难懂，两人反复读了好几遍。

突然丫丫想起北美洲的河狸："河狸被猎杀后，河狸坝没有河狸的维护，会被水流冲坏，河水水位下降，坝上游的湿地逐渐干涸，生长在那儿的植物就会死亡，吃草、吃花蜜的昆虫就不来了。没有了植物的种子、果实和昆虫，鸟儿就没有了食物，也不会再来了。"

聪聪点点头："河狸草甸的生态系统就这样被破坏了。"

澳大利亚的兔子

"我们再来看看澳大利亚的兔子是怎么回事。"

聪聪输入"澳大利亚的兔子",屏幕上立刻跳出很多有关澳大利亚野兔泛滥成灾的信息。两人点开其中一篇文章阅读。

在大航海时代之前，澳大利亚是没有兔子的，那里只有袋鼠、考拉等澳大利亚独有的有袋类动物。

后来，澳大利亚成了英国的殖民地。

1859 年，一个殖民者从英国引进野兔，繁殖后在自己的农场里放了 24 只，他想着这样就可以随时随地打猎了。

但他没有想到，几年后野兔数量达到了几万只。这是因为野兔的繁殖能力非常强，而且它们在澳大利亚没有天敌。

　　100 年后，澳大利亚的野兔总数超过 6 亿只。

　　这时，人们才意识到野兔泛滥成灾的危害。它们和澳大利亚本土动物抢草吃，也和人们放牧的牛、羊抢草吃，导致澳大利亚的羊毛一度减产一半以上。

　　为了减少兔子对草原和农作物的破坏，澳大利亚人想了很多办法，比如引进吃兔子的狐狸。

　　但谁料兔子跑得快，狐狸抓不住，那些更容易被抓到的本土小动物反而成了狐狸的食物，所以澳大利亚人只能赶紧接着捕杀狐狸。

　　为了防止野兔入侵西澳，他们还修建了一道超过1700公里长的篱笆，贯穿澳大利亚南北。但这千辛万苦造出来的"长城"对于天生喜欢打洞的兔子来说形同虚设。

外来物种入侵的后果真的好可怕呀!

什么! 成年野兔的体重可以达到 100 斤!

　　为了剿灭野兔,澳大利亚人还使用了毒气战、细菌战,不过都以失败告终。最后,他们从美洲引进了一种靠蚊子传播的病毒,这种病毒可以使澳大利亚野兔发生瘟疫,死亡率高达 99.9%,但对人、牛、羊及澳大利亚的野生动物无害。最初,确实有大量的野兔死亡,不过随着野兔抵抗力的上升和病毒的变异,野兔的死亡率明显下降,到 1980 年代,死亡率已经下降到 40%。

65

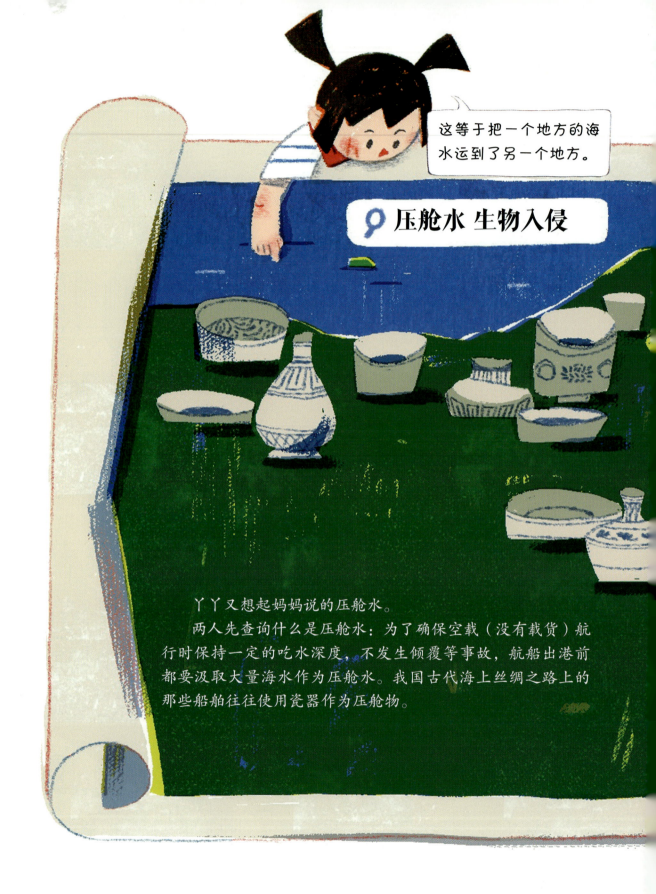

这等于把一个地方的海水运到了另一个地方。

🔍 压舱水 生物入侵

丫丫又想起妈妈说的压舱水。

两人先查询什么是压舱水：为了确保空载（没有载货）航行时保持一定的吃水深度，不发生倾覆等事故，航船出港前都要汲取大量海水作为压舱水。我国古代海上丝绸之路上的那些船舶往往使用瓷器作为压舱物。

　　"也就是说，没有载货的船在海上航行，遇到风浪容易翻船。"
丫丫明白了压舱水的作用。

　　两人接着往下读：

　　航船进入某个港口前，要先排掉压舱水，这是为什么呢？一方面，
很多港口的水深较浅，如果不排掉压舱水，船舶吃水太深，会有搁
浅的危险；另一方面，船舶进入港口大多是为了装货，排掉压舱水
后就可以尽可能多地装货。

是啊，每年不知道有
多少海水被转运呢？

67

1吨等于1000千克，水的密度一般是1000千克每立方米，那么1吨水的体积就是1立方米，100亿立方米的水体积得有多大呀！

据国际海事组织（IMO）估计，每年在全球各地转运的压舱水高达100亿吨。

这些从船底排放的压舱水用肉眼看似乎什么也没有，其实潜藏着巨大的危机。人们已在压舱水里发现了多种细菌和病毒，比如霍乱弧菌，它以休眠状态潜伏在某些海洋藻类里，一旦环境条件适合，就会苏醒并传播霍乱。

霍乱是一种急性传染病，由霍乱弧菌引起。霍乱弧菌存在于水中，人类饮用被霍乱弧菌污染的水后，会出现呕吐、腹泻、脱水、高烧等症状。

这么说，压舱水很有可能会传播疾病呀！

看来要对压舱水进行检测。

压舱水里还有大量微小的浮游藻类和浮游动物。它们适应能力强，有些藻类甚至可形成休眠孢囊，在黑暗、缺氧、营养元素贫乏的压舱水里长期生存，一旦被排放回海洋，就会大量繁殖，从而引起赤潮灾害，导致大量鱼类死亡。

赤潮是海水中某些浮游植物、原生生物、细菌暴发性繁殖或高度聚集，导致水体变色的一种有害生态现象。赤潮不一定是红色的，其颜色和暴发的藻类品种有关，但统一被称为赤潮。

"为什么赤潮会导致鱼类死亡呢？"

丫丫输入"赤潮，鱼类死亡"后看到这样一段话：

赤潮暴发时，细菌分解死亡的浮游生物需要消耗大量的氧气，这样就导致水体里的氧气含量急剧下降，水中的鱼、虾就会因氧气不足而死亡。

用一句话概括，就是压舱水带来了浮游生物，这些浮游生物在新的环境里快速繁殖，结果就形成了赤潮。

我明白了，一个地方的海水运到另一个地方后，可能会导致那个地方赤潮暴发，鱼虾死亡。

73

亲爱的爸爸：

　　今天我和聪聪重新认识了兔子这种动物。原来澳大利亚的野兔是外来物种，在澳大利亚没有天敌，所以数量多得不受控制。我们还知道了船舶的压舱水也会带来外来生物，主要是肉眼看不见的浮游生物，还有细菌和病毒。压舱水可能会传播疾病，还有可能引发赤潮。

亲爱的丫丫：

　　大航海时代以来，世界各大洲之间的交流越来越密切，生物也跟着人类在各大洲之间交换，我们现在仿佛生活在一个地球村。最近几年还开通了一条新的国际商业航线，那就是北极航道。北极航道开通后，东亚和欧洲、北美的交流更方便了，你可以去查一查哦。

第十二课　北极航道

"秘密学校"里，聪聪问："今天准备学什么？"

"我想了解一下北极航道。"

"北极这么冷，普通人怎么去呢？"聪聪兴奋地在搜索引擎里输入"北极航道"。

丫丫指着一篇题为"北极航道，未来的黄金水道"的文章说："看看这个也许就明白了。"

北极航道，未来的黄金水道

西北航道，就是从北大西洋出发，穿过加拿大北极群岛进入北冰洋，沿阿拉斯加到达白令海峡，然后到达东亚。

东北航道，就是从西欧和北欧出发，沿欧亚大陆北极地区的海岸线向东直到白令海峡，再穿过白令海峡到达东亚。

在大航海时代早期，欧洲人就已经在探索北极航道了。16世纪末，荷兰航海家率领的探险队曾到达北纬77°左右的新地岛和斯瓦尔巴群岛，但由于北极地区极其寒冷，他们还是把财力用于印度洋航线和大西洋—太平洋航线。西北航道的多次探险也以失败告终，不少人在探险途中遇难。

直到 21 世纪，由于全球气候逐步变暖，北极冰封的时间逐年减少，东北航道才真正成为国际商业航线。2016 年，有 297 艘商船、货船航行于该航道。

过去从东亚去西欧，要经过马六甲海峡、印度洋，再穿过苏伊士运河和地中海；现在走东北航道，航程缩短了接近 40%，大大节约了成本。

两人仔细查看一张新旧航线对比图：假如从我国大连港出发，经传统航道到荷兰鹿特丹，没有意外的话，需要36天，而走东北航道大概需要27天。

我记得苏伊士运河曾经堵船。

🔍 **苏伊士运河**

2021年3月25日，新华社报道：苏伊士运河"堵"了，一艘400米长的巨型集装箱货轮斜着卡在苏伊士运河里，至少100艘往来船只受阻。

　　"所以北极航道不仅能缩短航程，还可以避免堵船，今后走北极航道的轮船肯定会越来越多。"丫丫总结道。

　　"你看，还有《北极东北航道航行指南》正式出版的消息呢，这里提到取道北极东北航道，每年可节省数千亿元的国际贸易海运成本。"

"看来全球气候变暖也不全是坏事呀。"丫丫若有所思。

"我们再看看北冰洋有什么变化吧。"聪聪在搜索引擎里输入"北冰洋，全球变暖"。

两人一起查看了 2019 年美国航空航天局发布的一条视频。

视频显示，过去 35 年，北冰洋 1 月份多年冰的覆盖面积减少了 95%，同时海冰的厚度也在变薄。就在 40 年前，北冰洋上还能找到已经维持了十余年不化的冰层，而从今以后，这种情况可能不会再出现了。

35年前

89

90

北极圈里有一些地方的海冰是终年不化的，连续四年不化的海冰被称为多年冰。

"这么说，2019 年北冰洋里海冰终年不化的区域已经只有 35 年前的 5%了。"聪聪自言自语道，"也许再过几十年，北冰洋就没有海冰了……"

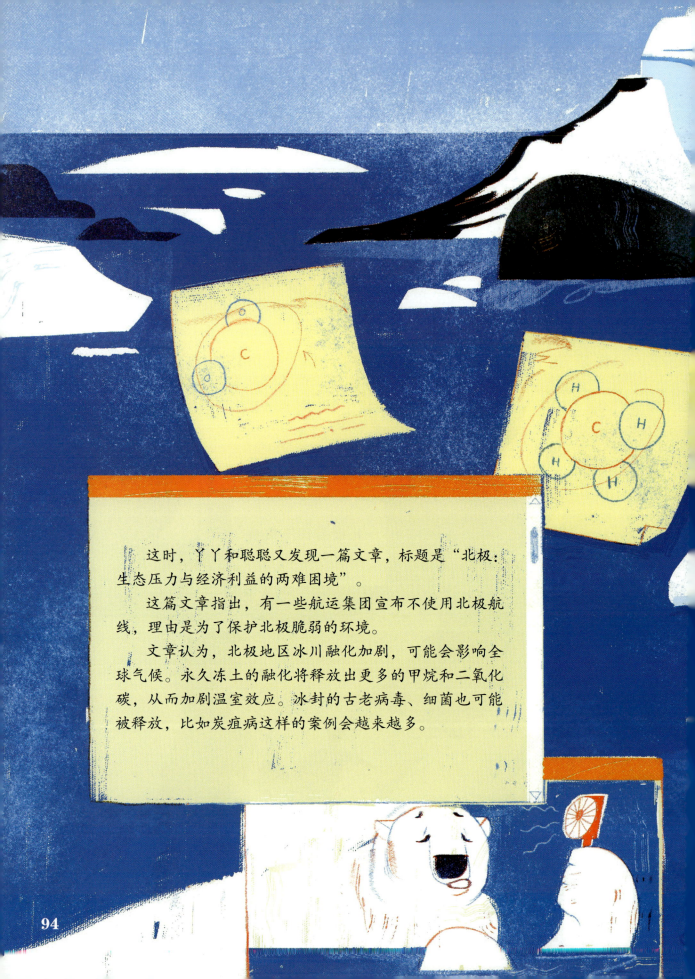

　　这时，丫丫和聪聪又发现一篇文章，标题是"北极：生态压力与经济利益的两难困境"。

　　这篇文章指出，有一些航运集团宣布不使用北极航线，理由是为了保护北极脆弱的环境。

　　文章认为，北极地区冰川融化加剧，可能会影响全球气候。永久冻土的融化将释放出更多的甲烷和二氧化碳，从而加剧温室效应。冰封的古老病毒、细菌也可能被释放，比如炭疽病这样的案例会越来越多。

96

两人接着读下去，发现其中一个航运集团的高管说，船舶通过北极地区的时间窗口仍然相对较短，目前很难经常使用这些航线，所以必须考虑使用这类航线能否带来真正实际的经济效益。

丫丫想了想，说："北极航道只有夏天才能通航，所以他才说时间窗口短。"

"对，其实这些航运集团不使用北极航线的真正原因是不赚钱。"

"或者说赚的钱不够多。"丫丫补充道。

《中国科学报》上的这篇文章提到全球变暖导致永久冻土融化，一些被历史尘封的古老疾病很有可能卷土重来。

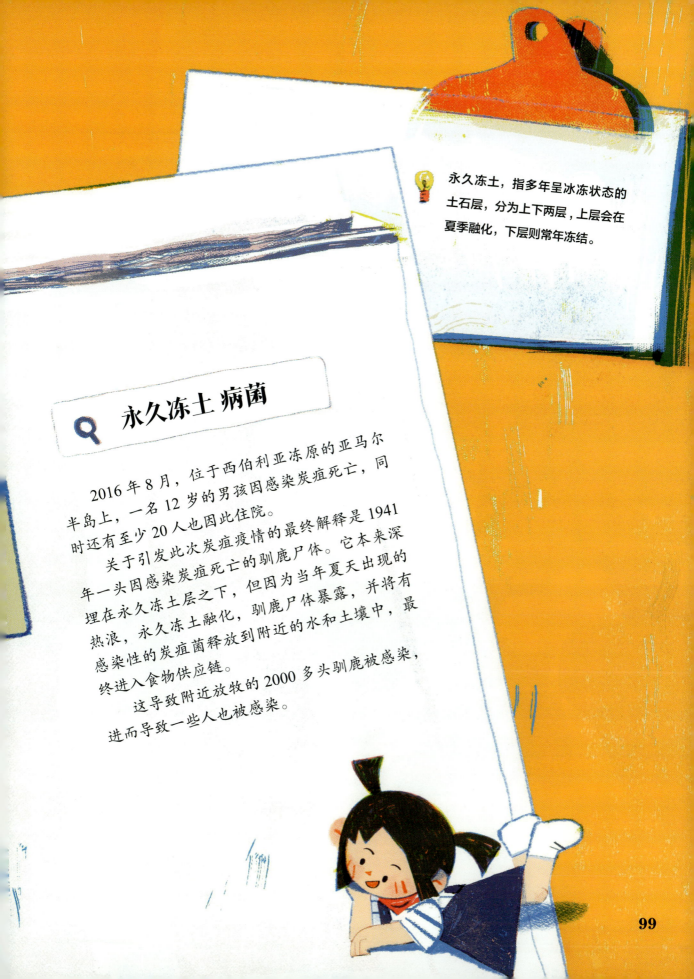

永久冻土，指多年呈冰冻状态的土石层，分为上下两层，上层会在夏季融化，下层则常年冻结。

永久冻土 病菌

2016 年 8 月，位于西伯利亚冻原的亚马尔半岛上，一名 12 岁的男孩因感染炭疽死亡，同时还有至少 20 人也因此住院。

关于引发此次炭疽疫情的最终解释是 1941 年一头因感染炭疽死亡的驯鹿尸体。它本来深埋在永久冻土层之下，但因为当年夏天出现的热浪，永久冻土融化，驯鹿尸体暴露，并将有感染性的炭疽菌释放到附近的水和土壤中，最终进入食物供应链。

这导致附近放牧的 2000 多头驯鹿被感染，进而导致一些人也被感染。

科学家担心这并不会是个例。

处于冰冻状态的永久冻土是细菌长期保持活力的最理想的场所，时间也许可以长达一百万年。这意味着永久冻土的融化可能会打开疾病的潘多拉魔盒。

幸亏现在西伯利亚人烟稀少。

亲爱的爸爸：

今天我和聪聪一起学习了北极航道的知识。

因为全球气候变暖，所以人们开通了北极航道。对我们中国和欧洲的贸易来说，北极航道比过去的马六甲海峡—印度洋—苏伊士运河航线要节省时间和成本。我们还了解到全球气候变暖会使北极地区的永久冻土融化，释放出许多古老的病菌。真希望今后可以有办法防止这些病菌向人类传播。

103

后 记

　　回顾这套图画书的创作出版历程，我感触良多。

　　2022 年 9 月，王张华教授率先确定全书的基本框架，而后经过半年的精心打磨，最终完成整个文本的编写。和文本创作几乎同一时间，我和我的团队便启动了本书的插画创作。在测试了五种不同的插画风格后，最终我们选择了丝网印刷，因为它具有极高的色彩还原度及朴素的噪点质感，能够很好地表现海洋的湛蓝与深邃，而且这样的色彩语言、形式特征也更贴合低龄儿童的审美趣味。2023 年 7 月，初稿完成，随后我们又花了近一年的时间不断调整、完善。整个过程可以说痛并快乐着，痛是因为"一万次"的修改，快乐源于看着这个"孩子"慢慢长大、日渐成熟。在此要特别感谢王张华教授的精彩写作，并感谢她选择了我们，也感谢上海教育出版社对我们的认可，感谢周琛溢编辑为本书出版所作出的努力。

　　华东师范大学设计学院插画设计专业设立于 2019 年，强调插画设计的专业性、多样性、创新性、跨界性。感谢魏劭农院长的信任和支持，让我们有机会成为更好的自己。感谢俞世恩书记的牵线搭桥，让我们有机会展示自己的专业风采。感谢洪波、饶凯西两位指导老师，他们严谨的治学态度和出色的专业能力为本书的插画创作奠定了坚实的基础。感谢参与插画创作的全体同学，尤其是褚心语同学、刘畅同学，是大家的默契配合、齐心协力，使小读者们有机会奔赴一场不一样的航海之旅。

陈澜

2024 年 5 月

王张华

　　华东师范大学教授，长期从事河口海岸带的地质环境演变、海岸带人类文明与环境变化研究。多次获得上海市科学技术奖、国土资源科学技术奖和中国地质调查成果奖。作为环境领域专家参与拍摄央视纪录片《良渚》、上海广播电视台纪录片《广富林猜想》《江海遗珍·长江口二号》。代表作品《我要去航海》入选第二届"童阅中国"原创好童书年度入围书目、全国家庭亲子阅读导读书目、2023年全国中小学图书馆（室）推荐目录。

陈澜插画工作室

　　陈澜插画工作室成立于2020年，起源于华东师范大学设计学院插画设计专业，由陈澜教授主理。工作室以插画设计专业优秀在校学生为主体，旨在用插画发声，拓展插画设计更多可能性，同时向社会展示、推广具有插画设计专业思维和独特竞争力的年轻插画创作团体。目前工作室已与多家出版社合作完成三套儿童绘本的创作。

图书在版编目（CIP）数据

我们的秘密航海课 / 王张华编著；陈澜插画工作室
绘. — 上海：上海教育出版社，2024.5
ISBN 978-7-5720-2605-8

Ⅰ. ①我… Ⅱ. ①王… ②陈… Ⅲ. ①航海－儿童读
物 Ⅳ. ①U675-49

中国国家版本馆CIP数据核字(2024)第092544号

总 策 划　刘　芳
策划编辑　公雯雯　周琛溢
责任编辑　周琛溢
美术编辑　周　吉
封面设计　陈澜插画工作室

我们的秘密航海课
王张华　编著
陈澜插画工作室　绘

出版发行　上海教育出版社有限公司
官　　网　www.seph.com.cn
地　　址　上海市闵行区号景路159弄C座
邮　　编　201101
印　　刷　上海锦佳印刷有限公司
开　　本　787×1092　1/16　印张 17.75
版　　次　2024年6月第1版
印　　次　2024年6月第1次印刷
书　　号　ISBN 978-7-5720-2605-8/G·2296
定　　价　148.00 元（全三册）
审 图 号　GS（2023）4325号

如发现质量问题，读者可向本社调换　电话：021-64373213